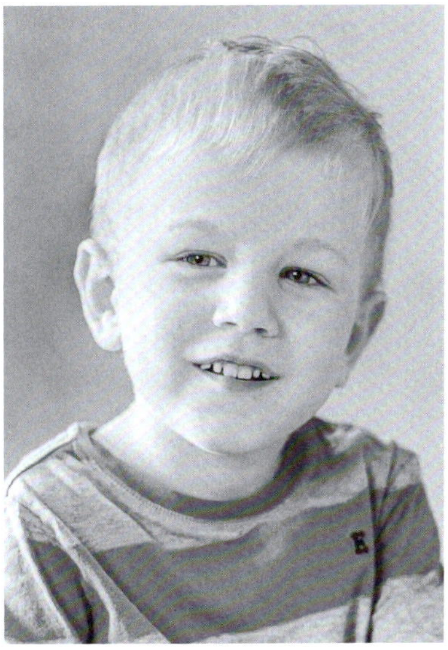

Sozial-emotionale Kompetenzen von Kindern fördern

Liebe Leserinnen, liebe Leser,

wie reagiert der 3-jährige Leo, wenn sein sorgsam aufgebauter Turm plötzlich zusammenstürzt? Tritt er frustriert die Bausteine weg, läuft er weinend zu einer pädagogischen Fachkraft oder beginnt er direkt wieder zu bauen? Bereits in den ersten Lebensjahren bilden sich die Grundzüge der Persönlichkeit und so auch die Grundmuster des menschlichen Miteinanders heraus. Damit Kinder ihre Potenziale ausschöpfen können, kommt emotionalen und sozialen Kompetenzen eine Schlüsselfunktion zu. Unverzichtbare Fähigkeiten wie Einfühlungsvermögen, ein der Situation angemessener Emotionsausdruck, das Regulieren von Emotionen sowie darauf aufbauend Beziehungs- und Konfliktfähigkeit stellen sicher, dass Kinder mit den eigenen Gefühlen umgehen und erfolgreich kooperieren und kommunizieren können. Diese Fähigkeiten spielen auch eine wichtige Rolle für den späteren Erfolg in Schule und Beruf. Sie helfen, den Alltag kompetent zu meistern, und bilden eine wichtige Ressource für die psychische Gesundheit.

Emotionale und soziale Kompetenzen sind nicht angeboren, sie müssen erlernt werden. Auch wenn die Eltern als Vorbilder besonders gefordert sind, kommt anderen Bezugspersonen in den ersten Lebensjahren ebenfalls eine große Verantwortung zu. Pädagogische Fachkräfte leisten darum einen wichtigen Beitrag für die seelische Entwicklung der Kinder. Das wichtigste Werkzeug hierfür ist die eigene Persönlichkeit. Feinfühlig zu reagieren und das eigene Verhalten zu reflektieren, unterstützt Kinder, ihre eigenen Emotionen wahrzunehmen und zu regulieren. Neben einer gemeinsamen pädagogischen Grundhaltung im Team spielen im Kita-Alltag besonders Konflikte als aktive Lernfelder eine Rolle. Aber auch echte Beteiligungsmöglichkeiten und die räumliche Gestaltung beeinflussen etwa, welche Emotionen vorherrschen und wie Kinder mit ihnen umgehen.

So wichtig jeder einzelne Punkt ist – eine Förderung sozial-emotionaler Kompetenzen gelingt nur gemeinsam. Eltern, Familien und das pädagogische Team können nur als Gemeinschaft ein Netz weben, das Kinder in ihrer Entwicklung sicher trägt und zugleich Raum für Individualität lässt. Die im Heft enthaltenen Beobachtungs- und Kommunikationstechniken sowie Praxisanregungen bieten dafür sinnvolle Hilfen.

Stella Valentien

Stella Valentien hat Erziehungswissenschaften, Psychologie und Soziologie in Berlin studiert. Ihr Schwerpunkt ist die Frühpädagogik. Sie hat langjährige Erfahrung als Fortbildnerin in den Bereichen sozial-emotionale Entwicklung sowie Sprachförderung und leitet seit 2011 den Arbeitsbereich *Kindergarten plus* in der Deutschen Liga für das Kind. Sie war als externe Evaluatorin in Kindertageseinrichtungen, hat das Curriculum einer Fachschule für Sozialpädagogik mitentwickelt, ist als Fachautorin tätig und ehrenamtlich im Bereich Familienbildung engagiert.

Inhaltsverzeichnis

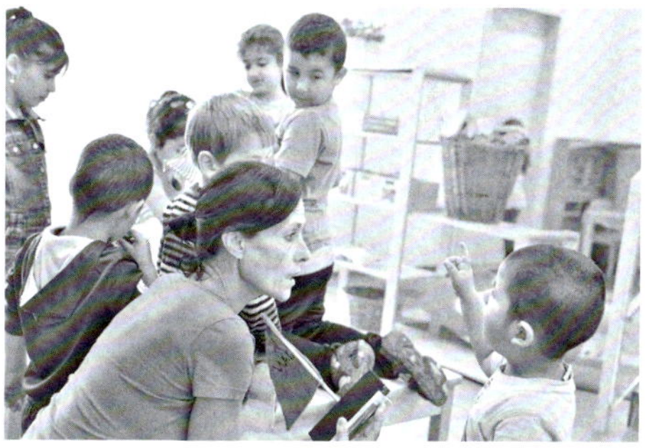

I

Schlüsselrolle emotionaler Kompetenzen

Wie viel Frust können wir aushalten? Wie gut können wir uns in andere hineinversetzen? Der Grundstein für den Umgang mit Emotionen wird bereits in der frühen Kindheit gelegt. Emotionale Kompetenzen entscheiden dabei nicht nur über unser Gefühlsleben. Sie nehmen auch eine Schlüsselrolle bei unseren sozialen Interaktionen ein und beeinflussen, wie wir uns in der Welt zurechtfinden.

1. Emotionen und emotionale Kompetenz

Unsere Emotionen und wie wir mit anderen Menschen im Austausch stehen, bestimmen unser Leben entscheidend mit. Denn der Umgang mit dem, was uns im Inneren bewegt, entscheidet nicht nur, wie zufrieden wir mit uns selbst sind, sondern auch darüber, ob das Zusammenleben mit anderen gelingt.

Was sind Emotionen?

In der Alltagssprache kann das Wort „Emotion" Verschiedenes bezeichnen: eine psychische Erregung, eine Gemütsbewegung, ein Gefühl oder eine Gefühlsregung. Die Begriffsherkunft von lateinisch „emovere" (herausbewegen, emporwühlen) weist jedoch deutlich darauf hin, dass ein ruhiger, ausbalancierter Status verlassen wird. Die Emotionspsychologie geht von einer gemeinsamen Arbeitsdefinition aus, um Emotionen von Stimmungen und Affekten zu unterscheiden. Diese Definition umfasst einzelne Merkmale (vgl. Schermer/Drinkmann 2018):

- Person befindet sich in einem aktuellen Zustand,
- Emotionen unterscheiden sich hinsichtlich Art oder Qualität der Intensität,
- Emotionen sind normalerweise auf ein Objekt gerichtet,
- Zustand einer bestimmten Emotion geht einher mit einem charakteristischen subjektiven Erleben („Gefühl"),
- typische körperliche Veränderungen,
- typische kognitive Aktivitäten wie Einschätzungen und Bewertungen,
- bestimmte Verhaltensweisen, insbesondere im Ausdruck.

Die Entwicklungspsychologin Bettina Janke fasst diese Merkmale zusammen: „Emotionen sind vorübergehende psychische Vorgänge, die durch äußere und innere Reize ausgelöst werden und durch eine spezifische Qualität und einen zeitlichen Verlauf gekennzeichnet sind. Sie manifestieren sich auf mehreren Ebenen, der des Ausdrucks (Stimme, Mimik, Gestik, Körperhaltung), der des Erlebens, der von Gedanken und Vorstellungen, der des Verhaltens und der somatischen Vorgänge" (Janke 2007, S. 347).

■ **Praxisbeispiel:** Frau G., Leiterin einer Kita, sitzt in ihrem Büro mit Blick auf die Straße. Die Sonne scheint durch das geöffnete Fenster. Plötzlich zuckt sie zurück und ruft verärgert: „Wer wirft denn hier mit einem Stein nach mir!" Als sie realisiert, dass gar kein Stein geflogen ist, sondern die Reflexion der Fensterscheibe ihr einen Streich gespielt hat, entspannt sie sich wieder. Trotzdem wundert sie sich, wie schnell ihr Ärger über einen vermeintlichen „Angriff" aufflammen konnte. ■

Die besondere Bedeutung von Emotionen wird in der kognitiven Emotionstheorie (vgl. Parfy 2000) dargestellt. Lebewesen müssen sich immer wieder neu an sich verändernde Umweltbedingungen anpassen. Indem wir die Umwelt daraufhin bewerten, welche Bedeutung sie gerade für das eigene Wohlergehen hat, werden Emotionen ausgelöst. Als Folge dieser Emotionen werden Impulse gesetzt, die dann konkrete Handlungen auslösen. Letztere sollen es dem Individuum ermöglichen, aktuelle Problemstellungen aktiv zu bewältigen (s. Abbildung). So kann beispielsweise die Emotion Angst den Handlungsimpuls Flucht anstoßen, Wut und Zorn leiten den Impuls zum Angriff ein, Ekel führt dazu, gefährlich wirkende Substanzen aktiv zu meiden, und Freude regt dazu an, sich mit Dingen oder Personen näher zu beschäftigen, die zum eigenen Wohlergehen beitragen (vgl. Schermer/Drinkmann 2018).

> Emotionen machen handlungsbereit: Angst kann z. B. Flucht anstoßen.

VON DER WAHRNEHMUNG ZUR HANDLUNG

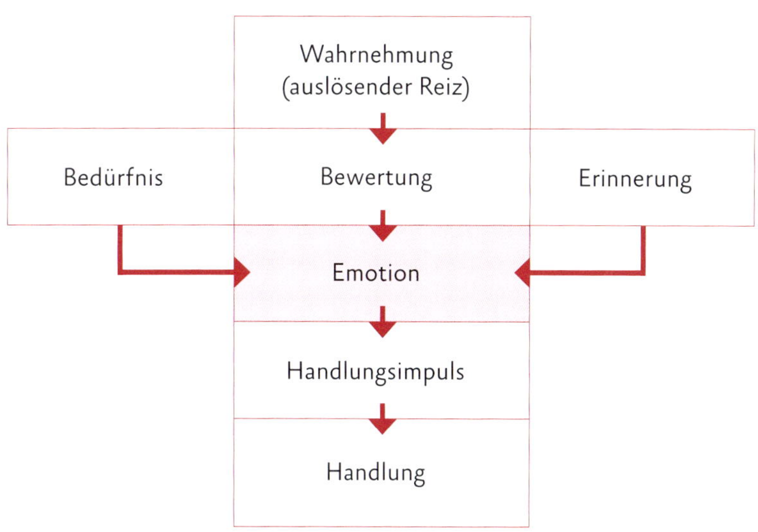

Quelle: angelehnt an Sendera/Sendera 2011, S. 50

Über die Mimik zeigen wir, wie es uns geht

Emotionale Kompetenz

Emotionale Kompetenz wird als die Gesamtheit der Fähigkeiten angesehen, die es einer Person ermöglichen, mit den eigenen und den Emotionen anderer umzugehen. Zu den Bereichen emotionaler Kompetenz zählen der Emotionsausdruck, das Emotionswissen und die Emotionsregulation.

Emotionale Fähigkeiten ermöglichen es, die eigenen Gefühle wahrzunehmen und zu managen. Sie machen handlungsfähig und eröffnen dem Individuum die Möglichkeit, Neues zu lernen und sich weiterzuentwickeln. Durch sie erfährt die Person auch Selbstwirksamkeit, also die Überzeugung, „auch schwierige Situationen und Herausforderungen aus eigener Kraft erfolgreich bewältigen zu können" (Stangl 2021). Diese ist eine wichtige Grundlage, um in sozialen Interaktionen aktiv zu werden, Beziehungen einzugehen sowie mit anderen konstruktiv zu kommunizieren und zu kooperieren. Zwischen den emotionalen und den sozialen Fähigkeiten einer Person in sozialen Interaktionen besteht darum eine enge Verknüpfung (vgl. Halberstadt/Denham/Dunsmore 2001). Kommen emotionale Fähigkeiten in der sozialen Interaktion zum Einsatz und wird ein selbstwirksames Verhalten gezeigt, profitieren Individuen in ihren sozialen Beziehungen davon. Zu den emotionalen Kompetenzen in der sozialen Interaktion zählen (vgl. Saarni 1999):

- sich eigener Emotionen in einer Situation bewusst zu sein,
- Hinweise aus der Situation und dem Ausdrucksverhalten anderer aufzugreifen und Emotionen anderer zu interpretieren,
- das gebräuchliche Emotionsvokabular zu nutzen,
- am Erleben anderer Anteil zu nehmen,
- das emotionale Erleben und den emotionalen Emotionsausdruck als getrennt wahrzunehmen,
- Selbstregulationsstrategien einzusetzen,
- zu wissen, dass die Art und Weise der emotionalen Kommunikation soziale Beziehungen prägt,
- in sozialen Interaktionen bei anderen Personen erwünschte Reaktionen hervorzurufen.

2. Emotionale Kompetenz als Basis sozialer Kompetenz

Wie emotional kompetent und somit ausbalanciert eine Person ist, inwiefern ihre emotionalen Fertigkeiten sie befähigen, sich selbst in einem sozialen Kontext zu regulieren und Beziehungen geschickt und zufriedenstellend zu gestalten, wird vom Gegenüber intuitiv wahrgenommen und beeinflusst wiederum dessen emotionale Reaktion. Wie wir gemeinsam kooperieren und kommunizieren, hängt von der gegenseitigen Wahrnehmung und den Möglichkeiten der einzelnen Gruppenmitglieder ab, selbstregulierend und handlungsfähig zu handeln – im Sinne der eigenen und gemeinsamen Motive. Emotionale Kompetenz entscheidet somit über soziale und persönliche Erfolge.

Der Erwerb emotionaler und sozialer Kompetenzen ist komplex und geschieht in gegenseitiger Wechselwirkung. Studienergebnisse zeigen, dass Kinder mit ausgeprägten emotionalen Fähigkeiten auch über eine höhere soziale Kompetenz verfügen. Umgekehrt weisen Kinder, die ein unangemessenes oder gestörtes Sozialverhalten zeigen, häufig geringere emotionale Fähigkeiten auf. Dabei ist anzunehmen, dass emotionale Kompetenzen die Basis für soziale Kompetenzen und deren Ausdifferenzierung bilden (s. Abbildung S. 7). Insbesondere Fähigkeiten im Bereich des Emotionswissens wirken sich positiv auf soziale Kompetenzen aus. Je besser Kinder beispielsweise Emotionen im mimischen Ausdruck anderer erkennen und benennen können, desto häufigere Sozialkontakte und geringere soziale Probleme scheinen sie zu haben. Mädchen und Jungen, die ihre Emotionen gut regulieren können, erfahren mehr Akzeptanz und Wertschätzung durch Gleichaltrige. Kinder, die über ein gutes Verständnis von Emotionen sowie die Fähigkeit zur Perspektivenübernahme verfügen, haben positivere Interaktionen mit Gleichaltrigen und zeigen ein effektiveres Verhalten in Situationen mit offener Aggression (vgl. Überblick bei Petermann/Wiedebusch 2016, S. 22 f.).

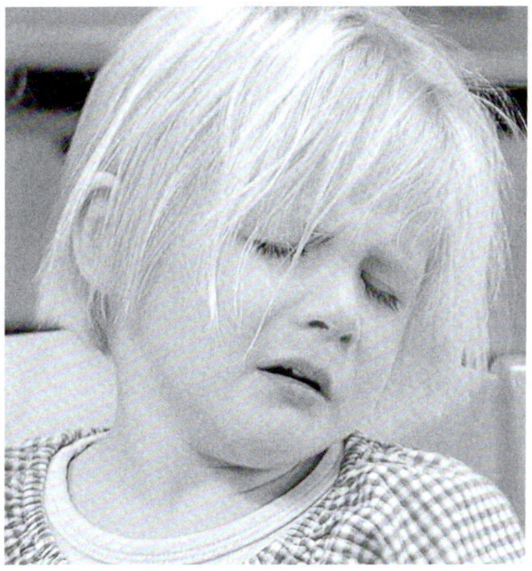

Je mehr sich Kinder einerseits ihrer eigenen Gefühle bewusst sind, ihre Emotionen mimisch und sprachlich zum Ausdruck bringen, diese eigenständig regulieren können sowie andererseits die Emotionen anderer erkennen und verstehen, desto besser sind sie auch in der Lage, gemeinschaftlich zu handeln. Denn im sozial kompetenten Verhalten verknüpfen sich persönliche Handlungsziele mit den Werten und Einstellungen einer Gruppe. Wichtige Komponenten sozialer Kompetenz sind Konfliktfähigkeit und Kooperationsbereitschaft. Sozial kompetente Menschen verfügen über die Fähigkeit, diese beiden gegensätzlichen Verhaltensweisen so zu steuern, dass sie in sozialen Situationen sowohl ihre eigenen Bedürfnisse verwirklichen können als auch die Interessen anderer berücksichtigen (vgl. Asendorpf/Neyer 2012).

Die Bedeutung des kulturellen Rahmens

Wie emotionsauslösende Situationen und die emotionalen Reaktionen anderer gedeutet und bewertet werden, hängt stark von den persönlichen Erfahrungen und dem kulturellen Kontext ab. Beispielsweise haben Emotionen in westlichen Kulturen eine persönliche Bedeutung im Sinne eines inneren und privaten Erlebens. In asiatischen Kulturen hingegen werden Emotionen als situationsbedingte Hinweise für Beziehungen zwischen Menschen und ihrer Umwelt wahrgenommen und gedeutet (vgl. Holodynski 2006).

Neben einer kulturspezifischen Ausprägung von Emotionen werden in einer Kultur auch bestimmte Emotionen bevorzugt. Das zeigt sich z. B. deutlich im Arbeitsleben. Da westliche Kulturen eher aufgabenorientiert denken, werden kommunikative und kooperative Fähigkeiten hoch angesehen, die andere von den eigenen Ideen überzeugen können. Auch der Fähigkeit, Probleme zu benennen, kommt ein hoher Stellenwert zu. Sachlich geführte Auseinandersetzungen innerhalb des Teams werden als wichtiger Anteil eines produktiven Arbeitsprozesses bewertet. Beziehungsorientierte Kulturen, wie etwa Asien, schätzen hingegen eher Kompetenzen, die das Knüpfen von Kontakten erleichtern und Vertrauen aufbauen. Denn diese Fähigkeiten ermöglichen es, Netzwerke zu erweitern und die Bindung im Team zu stärken.

PERSONALE UND INTERPERSONALE KOMPETENZEN

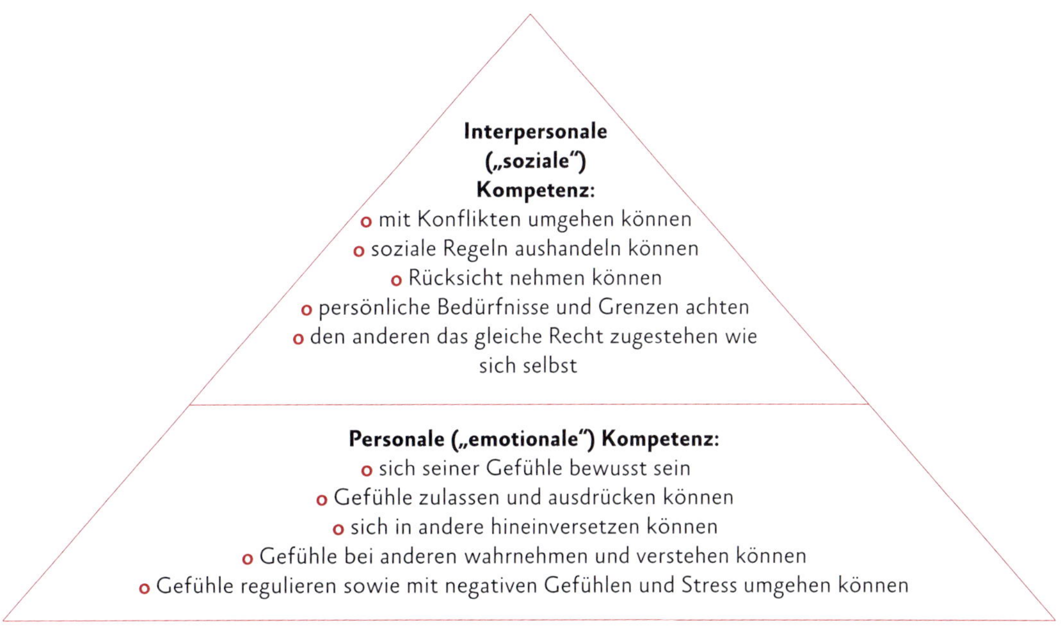

Quelle: Bischoff et al. 2012, S. 5

Auch emotionale Bewältigungsstrategien werden kulturabhängig unterschiedlich bewertet. Westliche Kulturen bringen „soziale Ängstlichkeit“ mit einem negativen Selbstbild in Verbindung, mit der Ablehnung durch Gleichaltrige und geringeren sozialen Kontakten. In der chinesischen Kultur werden sozial ängstliche Kinder hingegen positiv bewertet und entwickeln ein positives Selbstbild. Gilt soziale Ängstlichkeit in westlichen Ländern also eher als Problemverhalten, wertet die chinesische Gesellschaft schüchterne Verhaltensweisen als Zeichen für Leistungsorientierung und sieht sie als Indikator dafür, dass Kinder in der Schule erfolgreich sein werden (vgl. Frijda et al. 1995). Was in einer bestimmten Situation als kompetentes Verhalten erscheint, kann in einer anderen Situation und in anderen kulturellen Zusammenhängen als weniger kompetent oder sogar dissozial (= außerhalb des sozialen Norm- und Wertesystems) gelten. Sozial-emotionale Fähigkeiten sind also nicht mit herausgelösten Eigenschaften gleichzusetzen, sondern müssen immer im Rahmen der aktuellen Situation und bezogen auf die jeweiligen kulturellen Hintergründe und Zusammenhänge bewertet werden (vgl. Bischoff et al. 2012).

> Sozial-emotionale Fähigkeiten können wir ein Leben lang weiterentwickeln.

3. Bildungsauftrag der Frühpädagogik

■ **Praxisbeispiel:** „Dir aufsetzen!“, fordert Kim (4;2 Jahre) ihre Bezugserzieherin Nelly bestimmt auf. „Bitte lass mich, ich will das nicht“, antwortet diese. „Dir aufsetzen!“, schluchzt Kim nun. Als die Erzieherin sie tröstend in den Arm nehmen möchte, weicht sie zurück und wiederholt nur: „Dir aufsetzen!“ Nelly nimmt einen neuen Anlauf. „Du möchtest, dass ich den Hut aufsetze?“, fragt sie mit ruhiger Stimme. Kim atmet hörbar ein, entspannt sich etwas und nickt. „Das tut mir sehr leid“, meint Nelly nun freundlich, „aber ich mag diesen Hut nicht auf meinem Kopf, der kratzt so doll!“ Die sachliche Erklärung der Fachkraft löst den Gefühlskonflikt: Kim atmet aus und kuschelt sich an ihre Bezugserzieherin. Die Traurigkeit kann man noch in ihrem Gesicht lesen, aber nun ist sie sicher, dass ihre Bezugserzieherin sie weiterhin mag und sie nur den Hut abgelehnt hat – nicht Kim als Person. ■

Für die erfolgreiche Erziehung und Bildung des Kindes spielen die Eltern eine herausragende und unersetzliche Rolle. Dies gilt besonders in den ersten Lebensjahren. Eine zunehmend wichtige Rolle für die Entwicklung der Kinder bis zum Eintritt in die Schule nehmen jedoch auch Kindertageseinrichtungen ein. Die Förderung personaler und sozialer Kompetenzen in der frühen Kindheit gehört darum für pädagogische Fachkräfte zu den grundsätzlichen Aufträgen der Bildungsarbeit. So besteht ein „Gemeinsamer Rahmen der Länder“ (Jugendministerkonferenz/Kultusministerkonferenz 2004), in dem die „personale und soziale Entwicklung“ als Bildungsziel beschrieben wird. Auch die Bildungsbereiche „Sprache, Schrift, Kommunikation“, „Werteerziehung/religiöse Bildung“, der Bereich „Körper, Bewegung, Gesundheit“ sowie „Natur und kulturelle Umwelten“ weisen starke Bezüge zum sozial-emotionalen Lernen auf.

Konkretisiert wird dieser gemeinsame Rahmen über Bildungspläne und -konzeptionen auf Länderebene. Beispielsweise finden sich in der „Bildungskonzeption für 0- bis 10-jährige Kinder in Mecklenburg-Vorpommern“ (Ministerium Soziales, Integration und Gleichstellung Mecklenburg-Vorpommern 2020), die als verbindliche Grundlage für Kitas und die Tagespflege des Landes dient, folgende Ziele formuliert: „Der Bildungs- und Erziehungsbereich unterstützt die Identitätsbildung des Kindes zu einer eigenständigen Persönlichkeit, die ihr Leben zunehmend selbstbestimmt in Interaktion mit anderen Menschen gestalten kann.“ Für den Bildungsbereich „personale und sozial-emotionale Entwicklung, Werteorientierung und Religiosität, kultursensitive Kompetenzen“ wird weiter ausgeführt (ebd. S. 32): „Dazu zählt im Zusammenwirken mit den anderen Bildungs- und Erziehungsbereichen die Entwicklung folgender Fähigkeiten und Einstellungen:

Personale Fähigkeiten

- eigene Bedürfnisse und Bedürfnisse anderer Menschen bewusst wahrnehmen und artikulieren können, (...)

Soziale Fähigkeiten

- über freundschaftliche Beziehungen nachdenken und sich darüber austauschen können, (...)

Emotionale Fähigkeiten

- Emotionen bei sich und anderen wahrnehmen, sich damit auseinandersetzen und diese ausdrücken können,
- mit unangenehmen Gefühlen und Aggressionen umgehen können, (...)“.

Eine lebenslange Aufgabe

Die Bedeutung emotionaler und sozialer Fähigkeiten zeigt sich vor allem in Situationen, von deren Gelingen der weitere Bildungsweg und berufliche Erfolge abhängen. Beispielsweise werden Kinder mit gut ausgebildeten emotionalen Kompetenzen von Lehrkräften und Mitschüler*innen eher akzeptiert, erhalten häufiger Anleitung und positives Feedback und schneiden schulisch besser ab (vgl. Zins et al. 2004). Auch Personalverantwortliche erwarten neben der fachlichen Eignung der Mitarbeiter*innen Soft Skills, also sozial-emotionale Kompetenzen. Dass die Weiterentwicklung emotionaler Kompetenzen eine persönliche Aufgabe ist, die mit den Bildungserfahrungen in den ersten Lebensjahren beginnt, aber selbst mit vollendeter Berufsausbildung nicht abgeschlossen ist, betont etwa der „Deutsche Qualifikationsrahmen für lebenslanges Lernen“ (Bund-Länder-Koordinierungsstelle für den DQR 2013).

II

Entwicklung emotionaler und sozialer Kompetenzen

Der Erwerb sozial-emotionaler Kompetenzen ist eine bedeutende Entwicklungsaufgabe. Dabei spielen nicht nur Temperament, Veranlagung sowie die Eigenaktivität des Kindes eine Rolle, sondern z. B. auch das Erziehungsverhalten. Welche Entwicklungsunterschiede gibt es und welche Kompetenzen brauchen Kinder, um in der Gruppe eingebunden zu sein?

1. Entwicklungsvoraussetzungen: Veranlagung oder Umwelt?

Jedes Kind bringt den inneren Drang mit, zu wachsen und sich zu entwickeln. Diese intrinsische Motivation hilft Kindern, ihre Anlagen zu entfalten. Auch der Wille zur Entwicklung einer eigenständigen Persönlichkeit und zum Aufbau des individuellen psychischen Systems sind im Menschen angelegt. „Aus sich heraus" entwickeln sich Kinder jedoch vor allem dann, wenn ihr körperliches und psychisches Wohlbefinden gewährleistet ist (vgl. Largo 2009, S. 17). Darum spielt auch die Umwelt eine wichtige Rolle.

■ **Praxisbeispiel:** Die 2-jährige Coline tritt wütend gegen ihre Spielkiste. Dabei schreit sie aus vollem Hals und beginnt dann mit rotem Kopf, mit Bauklötzen zu werfen. Kurz zuvor hat ihr Vater ihr mitgeteilt, dass es Essen gibt und sie ihr Spiel beenden soll. Seit mehreren Tagen wiederholen sich Szenen wie diese im Familienalltag. Colines Eltern sind verunsichert: Hat sie einfach das Temperament ihres Opas geerbt? Oder liegt es vielleicht an der Erziehung? ■

Das Verhalten eines Kindes kann sowohl auf angeborene Faktoren als auch auf Umweltbedingungen wie das Erziehungsverhalten zurückgeführt werden. Veranlagung und Umwelt stellen dabei keine Gegensätze dar, sondern ergänzen sich. Zwar sind körperliche und seelische Eigenschaften im Ansatz bereits im Erbgut angelegt. Doch erst die Umwelt – am Anfang des Lebens insbesondere in Form der Eltern – ermöglicht es dem kindlichen Organismus, Eigenschaften und Fähigkeiten auszubilden und zu entfalten. Damit sich die Anlagen bestmöglich entwickeln, braucht es darum ein den Bedürfnissen des Kindes entsprechendes Maß an Nahrung, Pflege, körperlicher Nähe und seelischer Zuwendung (vgl. Largo 2009).

Im Fall von Coline, die ihre Wut über den erzwungenen Abbruch einer spannenden Aktivität lauthals kundtut, geht ihr Verhalten auf eine dem Alter entsprechende Entwicklungsphase zurück und ist anlagebedingt. Wie stark Kleinkinder dazu neigen, in heftige Wut zu geraten, und in welchem Ausmaß sie aufbegehren, hängt auch von ihrem angeborenen Temperament ab. Doch wie häufig heftige Verhaltensmuster tatsächlich auftreten und ob ein Kind zunehmend alternative Strategien entwickeln kann, mit Ärger umzugehen, bestimmt das Erziehungsverhalten der Eltern mit. Temperament kann nicht verändert werden, Verhalten lässt sich beeinflussen. Zusammengefasst heißt das: Unsere Gene sind festgelegt, aber genetische Wirkungen hängen von den Möglichkeiten und Grenzen ab, die die Umwelt vorgibt.

Wie Kinder ihre Umwelt mitbestimmen

Kinder und Erwachsene sind in ihrer Entwicklung weder der Kombination ihrer Gene noch den vorherrschenden Umweltbedingungen gänzlich ausgeliefert: „Menschen können aus Sicht der Entwicklungsgenetik ihre Entwicklung aktiv mitbestimmen" (Asendorpf/Kandler 2018, S. 97). Schon Babys und Kleinkinder nehmen Einfluss auf ihre Umwelt. Sie signalisieren Eltern und Bezugspersonen, wie viel Anregung sie benötigen. Beispielsweise wenden sie sich aktiv Gegenständen zu, die sie als interessant empfinden (ein Ball mit auffälliger Farbe, ein Blumentopf mit spannender Haptik). Umweltreize, die über- oder unterfordern (eine zu laute Rassel, Spielzeug, das wenig Anreiz bietet), werden abgelehnt, das Kind signalisiert Desinteresse oder Stress. Dabei entscheidet das angeborene Temperament eines Kindes mit darüber, welche Umweltreize als stimulierend und interessant empfunden werden, welche ängstigen und überfordern. Das Verhältnis zwischen Eltern und Kindern und der Grad emotionaler Nähe in der Familie hängt einerseits von der Bereitschaft bzw. Fähigkeit der Bezugspersonen ab, einen liebevollen Umgang zu pflegen und dem Kind Sicherheit zu vermitteln. Andererseits nehmen kindliche Charakterzüge auch Einfluss auf das Erziehungsverhalten der Eltern. Beispielsweise wurde nachgewiesen, dass Aggressivität bei Kindern anteilig

> Veranlagung und Umwelt sind keine Gegensätze, sondern ergänzen sich.

genetisch bedingt ist und Eltern auf aggressives Verhalten ihrer Kinder häufig mit einem autoritär-kontrollierenden Erziehungsstil reagieren (vgl. Asendorpf/Kandler 2018).

Coline, das Mädchen, das auf die Ansage ihres Vaters hin in Wut gerät, signalisiert diesem sehr deutlich, dass ihr ihre selbst gewählte Tätigkeit in diesem Moment weitaus mehr bedeutet als die gemeinsame Mahlzeit. Ihre Möglichkeit der Selbstverwirklichung stößt jedoch an eine schmerzhafte Grenze: die des elterlichen Gestaltungswillens. Dadurch entsteht ein Interessenkonflikt. Gelingt es den Eltern, die Situation zu entspannen und das gemeinsame Essen als attraktives Angebot zu vermitteln? Wird Coline erleben, dass Schmerz und Wut über die Störung ihres Spiels unbeachtet bleiben? Oder werden die Eltern versuchen, ihr Kind stärker zu reglementieren, da die Ausbrüche ihrer Tochter sie an den eigenen Erziehungskompetenzen zweifeln lassen? Wie ihre Eltern mit den aktuellen Konfliktsituationen umgehen, wird sich auf Colines zukünftige Erfahrungs- und Lernmöglichkeiten auswirken. Da ihr Verhalten und ihr angeborenes Temperament auch die Reaktionen ihrer Eltern beeinflussen, prägt jedoch auch sie die Art und Weise mit, in der Interessenkonflikte in der Familie in Zukunft ausgehandelt werden.

Entwicklungsunterschiede
Die kindliche Entwicklung durchläuft zwar nacheinander bestimmte Entwicklungsstadien, hinsichtlich des zeitlichen Auftretens und der Ausprägung bestimmter Verhaltensmerkmale ist sie aber sehr vielfältig.

■ **Praxisbeispiel:** Im Krippenbereich der Kita „Rasselbande" läuft Lisa (1;6 Jahre) morgens freudig schreiend hinter Murat (1;2 Jahre) her. Sie scheint es zu genießen, dass sie Murat durch ihr lautes Rufen steuern kann. Der Junge wirkt verängstigt, findet keinen Ort, an dem er sich Lisa entziehen kann. Darum muss eine Erzieherin eingreifen. Währenddessen sitzt Alex (1;3 Jahre) laut weinend auf dem Spielteppich. Dora (1;6 Jahre) hat schon mehrfach irritiert zu ihm hinübergesehen. Dann geht sie plötzlich zu ihm und beißt in seine Schulter. Alex hält kurz mit dem Weinen inne, um dann umso lauter fortzufahren. Bevor seine Bezugserzieherin eingreifen kann, beißt Dora noch einmal zu. Am Nachmittag weint die 1-jährige Mara. Jon, ebenfalls 1;6 Jahre alt, greift sein Schnuffeltuch, mit dem er immer kuschelt, wenn es ihm nicht gut geht, und bietet es Mara an. Als das Mädchen das Tuch greift, beobachtet er interessiert, wie sie damit umgeht. Nach kurzer Zeit verebbt Maras Weinen. Sie lässt das Tuch fallen und wendet sich einem Spielzeugauto zu. Jon nimmt sein Tuch wieder an sich. ■

Pädagogische Fachkräfte erleben jeden Tag, wie unterschiedlich sich gleichaltrige Kinder verhalten können. Das lässt sich zum einen auf das Temperament zurückführen: Lisa hat ein aktives und nach außen gerichtetes Wesen. Sie nimmt vor lauter Begeisterung für das gerade erfundene Spiel die Überforderung des unfreiwilligen Spielkameraden nicht wahr. Verhaltensunterschiede können aber auch durch den aktuellen Entwicklungsstand beeinflusst werden: Die gleichaltrige Dora gerät durch das Weinen eines anderen Kindes in heftigen emotionalen Stress. Da sie noch nicht über passende Regulationsstrategien verfügt, kommt es zu einer Entladung in einem aggressiven Akt. Dieser ist jedoch nicht gegen das andere Kind als Person gerichtet. Jon hingegen kennt bereits eine wirksame Strategie zur Emotionsregulation. Denn wenn er selbst traurig war, hat er in der Familie und in der Kita oft sein Tuch gereicht bekommen. Sein Verhalten wird also auch durch die Fürsorglichkeit und das soziale Vorbild seiner Bezugspersonen beeinflusst.

Auch wenn sich große Unterschiede erkennen lassen, ist das Verhalten aller drei 18 Monate alten Kinder altersentsprechend. Eindimensionale Erklärungen, warum sie die Emotionen anderer Menschen anders wahrnehmen und auf diese eingehen, greifen deshalb zu kurz. Dora braucht länger in ihrer Entwicklung und verkraftet heftige Reize wie das Weinen eines anderen Kindes schwer. Obwohl ihre Eltern ihrer Vorbildfunktion voll gerecht werden, hat sie noch nicht die Fähigkeit erworben, eine sozialverträgliche Strategie zum Stressabbau zu nutzen. Dass das Vorbild von Eltern und pädagogischen Fachkräften bei Jon eher bzw. früher Früchte trägt, hängt auch mit seinem entspannteren Temperament zusammen und dem Stand seiner kognitiven Entwicklung: Er kann bereits gut zwischen sich und anderen unterscheiden und realisiert kausale Zusammenhänge.

2. Wie sich Emotionen entwickeln

Säuglinge schwanken zwischen Wohlbehagen und Unwohlsein. Fehlt Wichtiges (z. B. Nahrung, Schlaf, menschliche Nähe und Anregung) oder sind Reize unangenehm (z. B. Kälte oder Hitze, starke Geräusche, Lageveränderungen, nasse Windeln, zwickende Kleidungsstücke), geraten sie in einen negativen Stresszustand (Distress). Dieser äußert sich in Körpersignalen: Körperhaltung und Hautfarbe verändern sich, die Muskeln spannen sich an, Bewegungen werden unruhig. Wenn die Bezugsperson die zunehmende Irritation des Säuglings nicht wahrnimmt und keine Unterstützung anbietet, beginnt dieser zu schreien und fordert so unmissverständlich dazu auf, Abhilfe zu schaffen (vgl. Holodynski/Oerter 2018). Die angeborenen Ausdrucksreaktionen des Säuglings umfassen (vgl. Holodynski/Oerter 2018):

- das Schreien bei negativen Stresszuständen,
- das Lächeln, wenn der Säugling entspannt ist und seine Bedürfnisse befriedigt sind,
- das Fixieren von Objekten mit leicht geöffnetem Mund, wenn Neuartiges und Interessantes wahrgenommen wird,
- den Schreckreflex mit aufgerissenen Augen und Körperspannung bei bedrohlicher Überstimulation,

DIE ENTWICKLUNG DES LÄCHELNS: VOM REFLEX ZUR INTERAKTION

Säuglinge können bereits kurz nach der Geburt lächeln. Dieses erste Lächeln (im Volksmund auch „Engelslächeln" genannt) ist im Wesentlichen auf biologische Prozesse und Reflexe zurückzuführen, nicht auf Personen bezogen und wird auch durch nicht-soziale Reize, wie einen Lichtreflex an der Zimmerwand ausgelöst. Zwischen der 6. und 10. Lebenswoche entwickelt der Säugling dann eine deutliche Vorliebe für das menschliche Gesicht und lächelt dieses an (vgl. Ellsworth/Muir/Hains 1993). Während dieses „soziale Lächeln" in den folgenden Monaten allen Personen im Blickumfeld gilt, wird der Säugling ab dem Alter von ca. 7 bis 8 Monaten nur noch in der Interaktion mit ihm vertrauten Personen lächeln. Fremde Gesichter rufen nun eher Beunruhigung oder Angstreaktionen hervor.

- das Naserümpfen und Vorstrecken der Zunge, um Mundinhalt auszuspucken bei Ekel.

Während der ersten Lebensmonate entwickelt sich das Ausdrucksverhalten rasch weiter, sodass Kinder noch innerhalb des 1. Lebensjahres Freude, Ärger, Furcht, Traurigkeit und Überraschung, die sog. Basis- oder Primäremotionen, zeigen (vgl. Izard 2002). Je älter das Kind wird, desto spezifischer drückt es seine Emotionen aus. Blick- und Körperausdruck werden zunehmend auf den Anlass abgestimmt und der Ausdruck von Emotionen erfolgt unmittelbarer.

Soziale Emotionen

Ab ca. 18 Monaten und im Zuge der stärkeren Wahrnehmung des eigenen Ichs in Abgrenzung zu anderen Personen schreitet die emotionale Entwicklung voran: Soziale Emotionen, auch als selbstbezogene bzw. sekundäre Emotionen bezeichnet, bilden sich heraus. Im Umgang und Zusammenleben mit anderen sind soziale Emotionen von besonderer Bedeutung, da sie dem Individuum ein Verhalten ermöglichen, um als Gruppenmitglied anerkannt zu werden und gleichzeitig seine persönlichen Grenzen zu wahren. Das Auftreten einer sozialen Emotion signalisiert uns sehr deutlich, wenn wir in Gefahr sind, Gruppenregeln zu missachten. Soziale Emotionen schützen uns aber auch vor Verletzungen durch andere Gruppenmitglieder. Beispielsweise bewirkt das Gefühl der Schuld, dass eine Person, die jemandem einen Schaden zugefügt hat, eine Wiedergutmachung anstrebt.

■ **Praxisbeispiel:** Bei dem gerade 1 Woche alten Goran wird während einer kinderärztlichen Untersuchung Blut aus der Ferse abgenommen. Seine Mutter ist überrascht, dass ihr Baby nicht reagiert. Nach ca. 3 Sekunden beginnt Goran dann doch jämmerlich zu schreien. Vier Jahre später ist Goran wieder bei der ihm inzwischen gut bekannten Kinderärztin, da eine Impfung ansteht. Als er an der Reihe ist und die Spritze sieht, reagiert er umgehend mit ängstlichem Zurückweichen. Tränen schießen ihm in die Augen. Erst als seine Mutter ihm anbietet, auf ihrem Schoß zu sitzen, entspannt sich Goran und geht auf ihr Angebot ein. ■

Im Alter von 4 Jahren reagiert Goran nicht mehr rein reflektorisch auf einen unangenehmen Reiz, wie er es als Baby getan hat. Die Emotion Furcht, die er in Vorahnung eines drohenden Schmerzes entwickelt, zeigt er unmittelbar. Dabei ist sein Ausdrucksverhalten differenziert und entspricht der Situation. Dass beim Aufbau eines differenzierten Emotionsrepertoires die Bezugspersonen des Kindes eine wichtige Rolle spielen, zeigt sich ebenfalls in der beschriebenen Szene. Durch die Unterstützung seiner Mutter nimmt Gorans emotionaler Stress deutlich ab.

Grundlage für diese komplexeren Emotionen bilden kulturelle Wertungen, die das Kind im Zusammenleben mit den Familienmitgliedern und weiteren Bezugspersonen kennenlernt und verinnerlicht. Beispielsweise tritt Scham auf, wenn wir uns im Vergleich mit anderen als unzulänglich einschätzen. Ein bekanntes Beispiel für den Zusammenhang zwischen kulturellen Bewertungen und emotionalem Erleben findet sich in dem Märchen „Des Kaisers neue Kleider". Als der Kaiser sich auf seinem Umzug durch die Straßen nur in Unterwäsche präsentiert, huldigt ihm die Menge, ohne auf die Überschreitung der kulturellen Norm zu reagieren. Aufgrund einer übergroßen Ehrfurcht der Untertan*innen vor ihrem Staatsoberhaupt verschiebt sich in dieser Erzählung also die gemeinsame Wahrnehmung dessen, was als „schicklich" gilt. Das ändert sich erst durch ein Kind. Als es – unbeeindruckt von der aktuellen „Scham-Blindheit" der Umstehenden – ausruft, dass der Kaiser keine Kleider trägt, wird die ursprüngliche kulturelle Regel wieder wirksam, öffentliche Auftritte in Unterwäsche als schambehaftet zu bewerten.

Gegen Ende des 3. Lebensjahres erweitert sich das Emotionsrepertoire des Kindes u. a. um die Emotionen Verlegenheit, Stolz, Schuld und Neid. Je nach Familienkultur und gesellschaftlichem Umfeld entwickelt jeder Mensch dabei sein ganz eigenes emotionales Profil.

EMOTIONEN – SPRACHE – KULTUR

Da Emotionen unterschiedlichste Schattierungen aufweisen, hängt deren Ausprägung auch von den Umweltbedingungen ab, in denen eine Gruppe lebt. Bezeichnungen für komplexere Emotionen können darum auch nur im Lexikon einer einzelnen Sprache enthalten sein. Die Pintupi, ein Stamm der Aborigines, unterscheiden beispielsweise fünfzehn Arten von Furcht: Wird mit „nginyiwarrarringu" ein plötzlich auftretendes Gefühl der Alarmierung beschrieben, das anlasslos auftritt, bezeichnet „Ngulu" die Angst vor Rache. „Kamarrarringu" beschreibt die Beklemmung, wenn sich jemand an einen anschleicht. Und „Kamarunvtju" meint die Angst vor Geistern (vgl. Heine 2017).

Eine moderne Variante der Furcht hat sich in den letzten Jahren dagegen weltweit entwickelt: Der mit einem digitalen Endgerät ausgestattete Mensch befürchtet häufig, sein Telefon habe geklingelt. Eine Emotion, die dazu verleitet, ständig das Handy zu kontrollieren. Die neue Wortschöpfung „Ringxiety" aus englisch „ring" (klingeln) und „anxiety" (Angst) scheint diese Emotion gut zu beschreiben (vgl. Goodman 2006).

Sprachlicher Ausdruck von Emotionen

Der nonverbale, mimische Ausdruck von Emotionen in der Interaktion mit anderen hat eine große Bedeutung für die gesamte emotionale Entwicklung und bleibt auch während des Einsetzens und Voranschreitens des Spracherwerbs wichtig. Erst die Sprache befähigt das Kind aber, eigene Emotionen und die anderer zu benennen sowie seine Bedürfnisse und Emotionen differenziert mitzuteilen:

- Mit ca. 18 Monaten beginnen Kinder ein vorerst rudimentäres Emotionsvokabular zu nutzen – vorausgesetzt in ihrem Umfeld wurden Emotionen thematisiert. Dieses besteht aus Wörtern, die Basisemotionen bezeichnen (z. B.: „Ella traurig!", „Ich lache!"). Ihr passives Sprachverständnis ist dabei größer als der aktiv genutzte Emotionswortschatz.
- Im Verlauf des 2. und 3. Lebensjahres beginnen Kinder mithilfe von Sprache, andere dazu zu bewegen, auf ihre Bedürfnisse und Emotionen einzugehen (z. B.: „Aua. Du pusten!" oder „Noch mal lesen!").
- Bis zum 4. Lebensjahr verfügen Kinder auch zunehmend über die Fähigkeit, die Emotionen anderer Personen zu benennen sowie Gespräche über Emotionen zu führen. Dabei können sie beispielsweise bereits Ursachen von Emotionen benennen oder über ein Verhalten sprechen, das Emotionen auslöst (z. B. „Hannah ist traurig, weil der Brunobär ist weg").
- Bis zum 6. Lebensjahr erweitert sich das Emotionsvokabular der Kinder erheblich. 5-Jährige verfügen über Begriffe für komplexere Emotionen, wie z. B. „Aufregung", „Einsamkeit" oder „Eifersucht".

(Vgl. Petermann/Wiedebusch 2016, S. 46 ff.)

Emotionsverständnis

Das Emotionsverständnis ist ein zentraler Bereich emotionaler Kompetenz, da es im engen Zusammenhang mit der Entwicklung sozialer Kompetenzen steht. Es basiert darauf, dass Kinder bei sich selbst sowie bei anderen Personen Emotionen erkennen. Darum beinhaltet das Emotionsverständnis zum einen das Vermögen, den Emotionsausdruck anderer zu identifizieren und z. B. mimische und gestische Signale richtig einzuordnen. Zum anderen benötigen Kinder Wissen über:

- die Ursachen von Emotionen,
- die Hinweisreize auf Emotionen (z. B. mimische Anzeichen und körperliche Begleiterscheinungen von Gefühlen),
- den Ausdruck von Emotionen (entsprechend den sozialen Darbietungsregeln für das Ausleben von Gefühlen in einer sozialen Gemeinschaft),
- die Möglichkeit, den eigenen Emotionsausdruck in der Kommunikation mit anderen gezielt einzusetzen,
- das Erleben vielfältiger, „multipler" Emotionen (z. B. Freude und Angst, die häufig zeitgleich gespürt werden, wenn eine neue Erfahrung bevorsteht) sowie
- die Anwendung von Emotionsregulationsstrategien

(vgl. Southam-Gerow/Kendall 2002).

Bereits Säuglinge können emotionale Ausdrücke bei anderen Personen erkennen. Wie verschiedene Studien (vgl. u. a. Montague/Walker-Andrews 2002) belegt haben, können sie den emotionalen Ausdruck ihrer Mutter früher erkennen als den Emotionsausdruck fremder Personen. Im Laufe des 1. Lebensjahres gelingt es Säuglingen jedoch zunehmend besser, positive Emotionen (z. B. Freude) und negative Emotionen (z. B. Ärger, Trauer und Frucht) im Ausdruck anderer Personen voneinander zu unterscheiden. Zwischen 2 und 5 Jahren unterlaufen Kindern dabei häufig noch Fehlinterpretationen. Beispielsweise wird der mimische Ausdruck von Ekel und Ärger verwechselt.

Das Emotionsverständnis hängt außerdem davon ab, ob es sich um Primär- bzw. Basisemotionen oder um sekundäre Emotionen (Stolz, Scham, Neid usw.) handelt. Letztere zu erkennen, fällt Kindern bis ins Schulalter hinein schwerer als das Identifizieren von Basisemotionen. Es gelingt ihnen allerdings besser, diese selbstbezogenen und sozialen Emotionen einzuordnen, wenn sie Informationen zur Situation erhalten. Auch

> Sprache befähigt das Kind, Emotionen differenziert mitzuteilen.

wenn zwischen 7 und 10 Jahren die Fähigkeiten nicht mehr zunehmen, die das Erkennen von Emotionen im Ausdruck betreffen, erhöht sich die Geschwindigkeit, mit der Kinder zu einem Ergebnis kommen (vgl. Petermann/Wiedebusch 2016). Kinder durchlaufen in ihrem Emotionsverständnis drei Entwicklungsphasen (vgl. Banerjee 1997):

1. Zuerst erwerben sie ein grundlegendes Verständnis von Emotionswörtern und mimischen Emotionsausdrücken (z. B. bringen sie Ärger mit einer Falte zwischen den Augenbrauen in Verbindung).
2. Sie begreifen, dass Emotionen subjektiv erlebte Zustände sind.
3. Sie können das erworbene kognitive Emotionsverständnis auch im Alltag anwenden.

■ **Praxisbeispiel:** Tuba (1;1 Jahre) nähert sich Florin (11 Monate), der mit einer bunten Plastikflasche hantiert. Sie beginnt an der Flasche zu ziehen. Florin schaut erst irritiert. Als Tuba aber weiterzieht, beginnt er zu weinen. Tuba schaut ihn an und sagt: „Flori aua!" Dann dreht sie den Kopf und sucht den Blick der Erzieherin. Obwohl sie noch einmal „Flori aua!" wiederholt, lässt sie nicht von ihrem Vorhaben ab. Sie zieht beharrlich an der Flasche, während der Junge immer lauter weint. ■

Tuba weiß bereits, dass Weinen mit Schmerz zu tun hat und dass Bezugspersonen helfen können. Sie kann aber noch nicht erkennen, dass es ihr Verhalten ist, das Florins Emotionen aus dem Gleichgewicht gebracht hat. Im folgenden Beispiel liegt ein tieferes Emotionsverständnis vor:

■ **Praxisbeispiel:** Der 4-jährige Jason bemerkt, dass Merle ein Steckspiel zum Tisch geholt hat. Interessiert betrachtet er die zahlreichen bunten Teile. Er greift über den Tisch, um sich einige Stecker zu nehmen. Als Merle mit einem empörten „He!" reagiert, hält Jason inne und blickt zu ihr auf. Er sieht Merles verärgerten Blick. Dann guckt er zur Seite und zieht seine Hand zurück. Im Anschluss sieht er Merle interessiert zu, wie sie beginnt, die Stecker zu setzen. Als sie an einer Ecke der Steckvorlage nicht weiterkommt, zeigt er auf einen passenden Stecker, greift aber nicht zu. Merle folgt seinem Tipp. Etwas später schiebt sie den Spielkasten ein wenig in Jasons Richtung. Dieser nimmt sich eine eigene Steckvorlage. ■

Jason hat durch Merles deutliche Signale bemerkt, dass er eine Grenze überschritten hat. Obwohl er sich für die bunten Stecker begeistert, versteht er, dass sie sich von seinem Verhalten gestört fühlt und verärgert reagiert. Jason kann darum von seinem Vorhaben ablassen und geht vorsichtiger vor. Seine neue zurückhaltende Strategie führt schließlich zum Erfolg.

Ursachen von Emotionen entschlüsseln

Kinder verstehen ab dem Vorschulalter, dass es unterschiedliche Ursachen für Emotionen gibt, und können sie benennen. Ob sie die jeweilige Ursache richtig erkennen, hängt u. a. davon ab, ob es sich um eine positive oder negative Emotion handelt. Denn Kinder verstehen eher die Ursachen, die zu negativen Gefühlslagen führen.

Um Emotionen zu deuten, beziehen sich Vorschulkinder stark auf die Mimik der anderen Person und beziehen Hinweise aus der Situation mit ein. Wenn die Mimik nicht sichtbar ist, nutzen sie ihr Hintergrundwissen und schreiben der Person Emotionen zu, die sie selbst mit der Situation verbinden (vgl. Denham 1998). Ihr vielfältiges Wissen um Emotionen verknüpfen Kinder nach und nach zu subjektiven Konzepten über Emotionen. In diese fließen ihre individuellen Erfahrungen ein, ebenso wie kulturspezifische Vorstellungen über Gefühle.

Um Emotionen zu deuten, beziehen sich Vorschulkinder stark auf die Mimik.

■ **Praxisbeispiel:** Hannes (5;3 Jahre) betrachtet in der Kita ein Bilderbuch zum „Wolf und die sieben jungen Geißlein". Ein Bild zeigt die Mutter der Geißlein, wie sie in ihr leeres Haus hineinsieht. „Die Ziegenmama ist jetzt bestimmt total traurig! Ihre Kinder sind alle weg. Die macht sich jetzt Sorgen, die weiß gar nicht, wo die sind!", bemerkt Hannes. ■

Der 5-Jährige verfügt über ein gut entwickeltes Emotionsverständnis. Er überträgt sein Erfahrungswissen auf die Darstellung im Bild und bemerkt sogar, dass mehrere Emotionen im Spiel sein könnten: Traurigkeit über das Verschwinden der Kinder sowie Angst und Sorge um deren Wohl.

Emotionen strategisch einsetzen

Bereits ab dem 3. Lebensjahr beginnen Kinder, zwischen dem äußerlich sichtbaren Ausdruck von Emotionen und dem subjektiven Erleben zu unterscheiden. Sie lernen, den eigenen Emotionsausdruck je nach Situation zu variieren, Emotionen vorzutäuschen und auch strategisch einzusetzen. 5-Jährige können schließlich alle Basisemotionen willkürlich im Gesichtsausdruck zeigen (vgl. Banerjee 1997). Das zeigt die folgende Szene:

■ **Praxisbeispiel:** Mehmet (5;11 Jahre) und Daria (5;9 Jahre) spielen am Kletterturm. Ihre Väter sitzen am Rand des Spielplatzes und unterhalten sich. Plötzlich hören sie einen Aufprall, gefolgt vom lauten Weinen ihrer Kinder. Als sie ihre Kinder weinend auf dem Boden liegen sehen, springen sie sofort auf und trösten sie. Mehmet und Daria bekommen auch einen Keks, um sich zu beruhigen. Dann spielen sie weiter. Nach 5 Minuten wiederholt sich die Szene und die Väter springen abermals auf. Als die Kinder dann aber ein drittes Mal „stürzen", beginnt Darias Vater zu lachen: „Ich glaube, wir müssen uns gar keine Sorgen machen. Ihr seid super Kletterer und übt heute das Herunterfallen!" Beide Kinder grinsen. Sie waren gemeinsam auf ca. 1,5m Höhe geklettert, um sich dann absichtlich und sehr geschickt vom Kletterturm fallen zu lassen. ■

Gegen Ende des Vorschulalters sind Kinder in der Lage:

- den Emotionsausdruck zu übertreiben, um Aufmerksamkeit und Unterstützung zu erhalten,
- den Emotionsausdruck abzuschwächen, um das Ausmaß ihrer Gefühle vor anderen zu verbergen,
- ein anderes Gefühl zu zeigen als das tatsächlich erlebte oder auch
- ein neutrales Gesicht zu zeigen, obwohl sie Emotionen erleben

(vgl. Saarni/Mumme/Campos 1998).

Die Fähigkeit, das subjektive Gefühl und den Emotionsausdruck voneinander zu trennen, bildet die Grundlage dafür, „soziale Darbietungsregeln" für den Emotionsausdruck im kulturellen Umfeld einhalten zu können. Kindern ab dem Schulalter gelingt dies zunehmend (vgl. Petermann/Wiedebusch 2016).

Emotionsregulation

Jede Emotion beinhaltet einen Impuls, was als Nächstes im eigenen Interesse zu tun ist. Stellen sich unseren Motiven Widerstände in den Weg, führt dies zu negativen Emotionen. Die Emotionsregulation hilft uns, diese negativen Emotionen abzuschwächen. Wollen wir beispielsweise ein

Eis essen gehen, bemerken dann aber vor Ort, dass die Eisdiele geschlossen ist, fühlen wir Enttäuschung, Ärger oder Traurigkeit. Indem wir dann etwa unsere Aufmerksamkeit in eine andere Richtung lenken (neben der Eisdiele befindet sich ein Buchladen mit einer interessanten Auslage) oder rational argumentieren, dass Eis essen nicht gesund ist, regulieren wir unsere negativen Emotionen. Die Emotionsregulation trägt aber auch dazu bei, einen positiven Überschwang im emotionalen Erleben zu verarbeiten. Im sozialen Miteinander müssen heftige Emotionen wie Wut oder Eifersucht und die aus ihnen erwachsenen (gewaltbereiten) Handlungsimpulse verringert werden. So wird verhindert, dass wir uns oder weitere Personen schädigen.

Der Säugling kann sich, wenn die Belastung nicht zu groß wird, durch das Saugen an den Fingern selbst beruhigen. Den Bezugspersonen kommt

> Viele Strategien der Emotionsregulation wenden wir unbewusst an.

deshalb die Aufgabe zu, seine Emotionsregulation mit zu übernehmen. Sie reagieren auf seine Signale und ergreifen Maßnahmen (Reize verringern, beruhigend sprechen, füttern, Windeln wechseln usw.), die zur Beruhigung und Entspannung führen. Diese Hilfen, auch „intrapsychische Emotionsregulation“ genannt, bilden eine wichtige Grundlage für das emotionale Lernen des Kindes. Zwischen dem 3. und 6. Lebensjahr gelingt es den Mädchen und Jungen dann immer besser, erfolgreich Strategien anzuwenden, mit denen sie ihre Emotionen regulieren können (vgl. Lohaus/Vierhaus 2013).

In Stresssituationen tief ausatmen, beim Erschrecken die Hand auf den Mund legen oder sich von zu starken Reizen abwenden – viele Strategien der Emotionsregulation werden unbewusst angewendet. Emotionen können aber auch willkürlich (reflexiv) verändert werden. Zu den Kompetenzen, die eine reflexive Emotionsregulation ermöglichen, gehören (vgl. Holodynski/Oerter 2018, S. 530 f.):

- das Beherrschen effektiver Regulationsstrategien (u. a. Stressreduktion durch Ablenkung, Entspannung, Situationskontrolle, positive Selbstinstruktion und Bagatellisierung),
- die Anwendung von exekutiven Funktionen auf die eigenen Emotionen (u. a. seine Aufmerksamkeit kontrollieren können, Regeln befolgen können, Impulse hemmen sowie eigene Fehler bemerken und korrigieren können),
- die Sprache als Mittel der physiologischen Distanzierung zu gebrauchen (Anwenden von Emotionswissen, um eine Distanz zum aktuellen emotionalen Geschehen zu schaffen, Nutzen von Sprache, um sich selbst zu instruieren oder spielerisch eine Situation umzudeuten).

Das Ausmaß der Selbstregulation in der frühen Kindheit hängt eng mit dem Erfolg in weiteren Lebensphasen zusammen: dem Schul- und Berufserfolg und sozialer Integration (vgl. Deutsche Akademie der Naturforscher Leopoldina 2014). Mit der zunehmenden Fähigkeit, seine Emotionen selbst zu regulieren, wird das Kind außerdem unabhängiger von den Bezugspersonen. Seine Möglichkeiten, in sozialen Zusammenhängen selbstständig und erfolgreich zu handeln, Freundschaften zu schließen und in Kindergruppen gemeinsam mit anderen konstruktiv zu agieren, nehmen zu.

3. Soziale Kompetenz im Kindesalter

Innerpsychische Prozesse, emotionale Kompetenzen, das eigene Verhalten und soziale Kompetenz stehen in einem engen Zusammenhang und entwickeln sich in gegenseitiger Wechselwirkung. Was als sozial kompetentes Verhalten bewertet wird, hängt vom kulturellen Zusammenhang ab. Ausgehend von gängigen Werten und Normen unserer Gesellschaft könnte soziale Kompetenz im Kindesalter folgendermaßen beschrieben werden: Ein sozial kompetentes Kind

- hat ein gutes Selbstwertgefühl und ist in sozialen Situationen nicht übermäßig ängstlich,
- kann leicht Kontakte zu anderen Kindern aufbauen, beispielsweise in Spielsituationen,
- verfügt über Einfühlungsvermögen und kann soziale Situationen richtig einschätzen,
- fühlt sich einer Gruppe bzw. mehreren Gruppen zugehörig,
- verfügt über Konfliktbewältigungsstrategien bei Problemen in der Gruppe, kann beispielsweise verhandeln

(vgl. Pfeffer 2017).

■ **Praxisbeispiel:** Mehrere Kinder spielen auf dem Matschplatz. Marvin und Tomas stehen einige Meter entfernt und schauen kurz zu. Dann läuft Tomas los, drängt sich zwischen Lea und Dean und grinst beide an. „Hau ab!“, ruft Dean empört und schubst Tomas weg. Marvin wählte eine andere Strategie. Er rückt Schritt für Schritt an die Gruppe heran. Als Lea sich suchend umguckt, reicht er ihr eine Schaufel, bleibt aber in einiger Entfernung stehen. Lea nimmt die Schaufel an. Etwas später stellt sich Marvin noch näher an die buddelnden Kinder und beginnt, sich mit guten Tipps am gemeinsamen Dialog zu beteiligen. Dabei wird er mehr und mehr ins Bauvorhaben einbezogen. ■

Tomas weiß, dass Lächeln ein positives Signal ist und als Türöffner fungieren kann. Er hat aber nicht beachtet, dass sich die anderen von seinem plötzlichen Dazwischendrängen gestört fühlen könnten. Marvin scheint schon über ein größeres Emotionswissen zu verfügen. Indem er einen zurückhaltenden Emotionsausdruck zeigt und er sich im richtigen Moment mit guten Tipps konstruktiv einbringt, gelingt es ihm, Teil der Gruppe zu werden. Marvin verfügt also über emotionale Kompetenzen, die es ihm ermöglichen, sozial kompetent zu handeln.

III

Bindung und Beziehung im Kindesalter

Blickkontakt, Pflegehandlungen, Baby Talk: Die Qualität der Eltern-Kind-Beziehung beeinflusst die sozial-emotionale Entwicklung nachhaltig. Aber auch pädagogische Fachkräfte spielen eine entscheidende Rolle. Wie können sie in der Kita Raum für positive Beziehungserfahrungen schaffen?

1. Die Rolle von Bezugspersonen

Von Anfang an ist der Säugling darauf angewiesen, mit anderen Menschen in Kontakt zu treten. Wenn die Erfahrung des sozialen Austauschs fehlt, besteht die Gefahr nachhaltiger Entwicklungsstörungen. Neurowissenschaftler und Psychotherapeut Joachim Bauer betont deshalb: „Der menschliche Säugling, obwohl ein fühlendes, mit der Würde des Menschen ausgestattetes Wesen, verfügt über kein Selbst. Die neuronalen Netzwerke, in denen sich Letzteres einnisten wird, sind zum Zeitpunkt der Geburt noch unreif und nicht funktionstüchtig. Seine Entstehung und Grundstruktur verdankt das menschliche Selbst jenen Bezugspersonen, die uns – vor allem in den ersten Lebensjahren – als eine Art externe Leitstelle gedient haben" (Bauer 2019, S. 7).

Von zentraler Bedeutung scheint dabei der Blickkontakt der Bezugspersonen und ihr feinfühliges Reagieren auf die Signale des Säuglings zu sein. Schon in den ersten Lebensmonaten etabliert sich so eine Beziehung zwischen Kind und Bezugsperson. Der Aufbau dieser Beziehung wird u.a. auch durch das Vermögen von Neugeborenen befördert, Verhaltensweisen der Bezugspersonen zu spiegeln (z.B. Zunge herausstrecken). Die Neugeborenen-Imitation regt Erwachsene an, ihr Verhalten zu wiederholen und den wechselseitigen Austausch mit dem Säugling fortzusetzen.

Ab dem 9. Monat gelingt es dem Säugling dann, sich gemeinsam mit der Bezugsperson auf interessante Objekte zu konzentrieren. Diese geteilte Aufmerksamkeit ermöglicht den Austausch von Informationen. Das Kind erhält zum einen sachliche Rückmeldungen, indem Bezugspersonen beispielsweise die Objekte benennen, die im gemeinsamen Fokus stehen. Zum anderen werden so aber auch emotional gefärbte Informationen vermittelt. Dadurch erfährt das Kind, ob die Bezugsperson z.B. einen Gegenstand interessant findet oder ihn ablehnt. Das folgende Praxisbeispiel zeigt, wie es Vater und Tochter durch die „geteilte Aufmerksamkeit" gelingt, einen interessanten Gegenstand als Kommunikationsanlass zu nutzen.

■ **Praxisbeispiel:** Herr P. hat seine 10 Monate alte Tochter auf dem Arm und geht mit dieser am Fensterbrett vorbei, auf dem einige Bilderrahmen stehen. Als er bemerkt, dass der Blick seines Babys ein Foto streift, bleibt er stehen und sagt mit singender, fröhlicher Stimmlage: „Das bist du als kleines, kleines Baby!" Der Blick des Kindes geht zum Gesicht seines Vaters und wieder zurück zum Foto. Herr M. wiederholt: „Genau, das bist du als Baby!" Seine Tochter streckt die Arme zum Foto aus und lacht. ■

Am Ende des 1. Lebensjahres beginnt das Kind, in neuen Situationen Rückmeldungen zu seinem Verhalten zu suchen. Ist das, was ich vorhabe, gefährlich? Mache ich das so richtig? Über den Blick zur Bezugsperson, das sog. soziale und emotionale Referenzieren, möchte es erfahren, ob sein Verhalten gebilligt wird (vgl. Schneider/Lindenberger 2018). Dieser neue Entwicklungsschritt kann Eltern zunächst verunsichern, hilft Kindern jedoch, Situationen besser einzuschätzen.

> Die „geteilte Aufmerksamkeit" ermöglicht den Austausch von Informationen.

■ **Praxisbeispiel:** Frau M. hat gerade ihre Elternzeit begonnen und bespricht sich abends mit ihrer Frau. Sie wundert sich, dass sich die fast 1-jährige Marcella, die sonst überall einfach forsch losgerobbt ist, heute auf dem neuen Spielplatz immer wieder nach ihr umgesehen hat, als würde sie ihre Erlaubnis einholen wollen. „Warum ist sie plötzlich so verunsichert? Hat sie etwa Angst davor, dass ich sie bestrafe?", fragt sie frustriert. Ihre Frau beruhigt sie: „Sicher nicht. Vor zwei Wochen hat Marcella zu Hause doch noch fröhlich die Blumenerde der Yuccapalme auf dem Teppich verteilt, ohne auch nur auf dich zu achten." ■

Intuitives elterliches Verhalten

So wie viele frühkindliche Verhaltensweisen evolutionsbiologisch geprägt sind, muss davon ausgegangen werden, dass auch das Verhalten von Bezugspersonen durch evolutionär entstandene Programme mitbestimmt wird (vgl. Lohaus/Ball/Lißmann 2004). Während der Säugling seine Bedürfnisse über Signale wie Schreien oder Suchbewegungen des Mundes mitteilt, haben Eltern (s. Kasten S. 19) und andere Bezugspersonen die Aufgabe, feinfühlig auf diese Signale zu reagieren. Das dient der Bedürfnisbefriedigung und stellt sicher, dass das Kind mit Nahrung versorgt wird, Schutz erhält sowie für Anregungen und Abwechslung oder Reizminderung und Ruhe gesorgt wird.

Die Qualität der Eltern-Kind-Beziehung ist für die gesamte sozial-emotionale Entwicklung bedeutsam. Wenn Eltern in der Beziehung zum Kind Zuneigung und emotionale Wärme vermitteln, in einem ausreichenden Maß feinfühlig reagieren und in der Interaktion klare Verhaltensregeln gelten lassen sowie dem Kind altersentsprechende, autonomiefördernde Handlungsspielräume einräumen, stellen sie einen grundsätzlich förderlichen Entwicklungsrahmen zur Verfügung. Dieser Rahmen bildet eine gute Grundlage für die Entwicklung einer starken Persönlichkeit. Neben der elterlichen Feinfühligkeit lassen sich weitere Verhaltensweisen unter den Begriff intuitives Elternprogramm fassen (vgl. Papoušek/Papoušek 1987). Eltern setzen die meisten dieser Verhaltensweisen, die spontan in der Interaktion mit dem Kind entstehen, intuitiv ein. Zu ihnen gehören u.a., unmittelbar auf ihre Bedürfnisse zu reagieren (mimisch-gestisch, aber auch durch Füttern etc.), den Blickkontakt herzustellen und aufrechtzuerhalten sowie der „Baby Talk" (einfache Sprache, hohe Tonlage etc.) (s. Tabelle unten).

Im Laufe der ersten Lebensmonate lernen sich Eltern und Säugling besser kennen. So wie die Eltern zahlreiche Erfahrungen im Umgang mit ihrem Kind machen, lernt auch der Säugling die spezifische Art und Weise kennen, mit der seine Bezugspersonen reagieren. Im Alter von wenigen Wochen kann ein Säugling bereits eine Verbindung zwischen seinem Verhalten und den beruhigenden Verhaltensweisen der Bezugsperson feststellen. Dabei kommt es zu einer zunehmend besseren Abstimmung zwischen dem Verhalten des Kindes und seiner Bezugspersonen. Das Verhalten der Erwachsenen muss dabei nicht von Anfang an „perfekt" sein. Studien zeigen: Nur ein

INTUITIVES ELTERNPROGRAMM

Verhaltensweise	Ziele	Merkmale
Feinfühligkeit	Bedürfnisbefriedigung durch Wahrnehmung und richtige Interpretation kindlichen Verhaltens sowie angemessene Reaktion	z. B. beruhigen bei Unsicherheit (in den Arm nehmen, singen) oder Anregung bei Langeweile (Rassel reichen, Ball rollen)
umgehende Reaktion	berücksichtigt die kurze Gedächtnisspanne des Säuglings, stellt sicher, dass der Säugling Zusammenhänge zwischen dem eigenen Verhalten und den Reaktionen in der sozialen Umgebung erkennen kann	Zeitfenster für die Reaktion liegt unterhalb einer Sekunde
auf den Säugling ausgerichtete Ansprache	entspricht den auditiven und sprachlichen Kompetenzen des Säuglings, bereitet die spätere verbale Kommunikation vor, dient als Hilfe bei der Lautbildung und vermittelt Informationen	„Baby Talk": hohe Stimme, übertriebene Intonation, einfache Sprachstruktur, häufige Wiederholungen
Herstellen und Aufrechterhalten des Blickkontakts	schafft Voraussetzung für positive dialogische Interaktion, regt Säugling an, Laute zu bilden, unterstützt die Verhaltensregulation	Herstellen und Aufrechterhalten des Blickkontakts, wenn der Säugling wach und kommunikationsbereit ist
Einsatz von Verhalten, mit dem Wachheits- und Erregungszustand des Säuglings reguliert werden	vermeiden von Über- oder Unterstimulation	Nutzen verschiedener Prüfroutinen (z. B. Prüfung der Muskelspannung durch die Berührung von Kinn oder Hand des Kindes)

Quelle: angelehnt an Lohaus et al. 2004, S. 148 f.

WAS BEDEUTEN ELTERNSCHAFT UND ELTERLICHE VERHALTENSWEISEN?

Biologische Elternschaft ist an Eizelle, Samen und ggf. an den Zeugungs- und Geburtsvorgang geknüpft. Soziale Elternschaft entsteht, wenn die Übernahme praktischer Verantwortung für Kinder im Prozess des Aufwachsens (teilweise ohne rechtliche Anerkennung oder leibliche bzw. genetische Abstammung) übernommen wird (vgl. Jurczyk 2021). Die Entwicklung einer Beziehung zwischen einem Kind und seinen Eltern basiert darum auf verhaltensbiologischen Anlagen, die unabhängig von der biologischen Verwandtschaft aktiviert werden.
Doch auch unabhängig von biologischer und sozialer Elternschaft kann die Bereitschaft zu „elterlichen Verhaltensweisen", die auf einem evolutionären Hintergrund basieren, bei der Begegnung und im Umgang mit Säuglingen und Kleinstkindern aktiviert werden.

Drittel aller Interaktionen zwischen Bezugsperson und Kind läuft sofort optimal ab. Aber zwei Drittel aller „Missverständnisse", d.h. nicht optimal ablaufender Interaktionen, werden innerhalb von 2 Sekunden bemerkt und korrigiert (vgl. Haug-Schnabel/Bensel 2017). Auch Erwachsene lernen also dazu.

2. Bindungstheorie und Bindungsentwicklung

Bindung ist ein lebenswichtiges und universelles (allen Menschen eigenes) Bedürfnis. Sie hat grundlegende Bedeutung für eine gesunde psychosoziale Entwicklung und ist verhaltensbiologisch vorgegeben. Der Kinderpsychiater John Bowlby entwickelte darum das evolutionsbiologisch geprägte Konzept der Bindungstheorie, dessen ausführliche Fassung er 1969 vorstellte. Seitdem wurde es von zahlreichen Wissenschaftler*innen weiterentwickelt (vgl. Bowlby/Mander/Bowlby 2006). Dabei wird zwischen einem Bindungssystem aufseiten des Kindes und einem Fürsorgesystem aufseiten der Bezugspersonen unterschieden. Das elterliche Fürsorgesystem hat das Ziel, durch geeignete Verhaltensweisen (aufnehmen, streicheln, wiegen usw.) die Bedürfnisse des Kindes nach Nähe und Sicherheit zu befriedigen, und aktiviert sich durch das Bindungsverhalten des Säuglings. Das Bindungssystem wird vom Säugling aktiviert, sobald er die eigenen Sicherheitsbedürfnisse bedroht sieht. Wenn der Zustand der Sicherheit wieder erreicht wurde, deaktiviert er es wieder. Ist das Bindungssystem nicht aktiviert, kann sich das Kind seiner Umgebung widmen, diese kennenlernen und entsprechend den eigenen körperlichen Möglichkeiten erforschen. Erfährt es aber Verunsicherung, sucht es seine „sichere Insel", d.h. seine Bezugsperson, bis das seelische Gleichgewicht wiederhergestellt ist.

Phasen der Bindungsentwicklung

Für eine gesunde kindliche Entwicklung benötigen Kinder eine enge Bindung zu mindestens einer Bezugsperson. Diese zeichnet sich dadurch aus, dass sie sich hauptsächlich mit ihm beschäftigt, sich um sein Wohlbefinden kümmert und viel Zeit mit ihm verbringt. Während sich die Eltern als Hauptbezugspersonen in der Regel schon frühzeitig an ihr Kind binden, findet umgekehrt die Bindung des Kindes an seine Bezugspersonen viel später statt. Denn das Kind muss in den ersten Lebensmonaten erst die kognitiven Voraussetzungen dafür entwickeln, Menschen voneinander zu unterscheiden. Auch muss es das innere Wissen erwerben, dass Objekte selbst dann noch existieren, wenn sie nicht unmittelbar zu sehen sind. Die Bindungsentwicklung durchläuft deshalb mehrere Phasen. Während der Säugling anfänglich Bindungsverhalten gegenüber jeder Person zeigt, nehmen die spezifischen Reaktionen auf vertraute Personen bis zum Alter von 8 Monaten stark zu. Zwischen 6 und 8 Monaten beginnt die Phase der ausgeprägten Bindung: Ein emotionales Band zwischen Kind und Bezugsperson entsteht. Im Alter von 1,5 bis 2 Jahren zeigt das Kind häufig starken Stress bei der Trennung von der Bezugsperson und ist angespannt, wenn fremde Personen anwesend sind.

■ **Praxisbeispiel:** Frau N. freut sich, heute endlich wieder einmal ihre 10 Monate alte Nichte Amira zu sehen. Beim letzten Treffen vor einem halben Jahr hat sich das Mädchen bei ihr sichtlich wohlgefühlt und sie hat es lange im Arm gehalten. Als Frau N. Semira sieht, streckt sie ihr die Arme entgegen und strahlt sie an: „Ja, da bist du ja, meine Hübsche!" Amira macht große Augen, verbirgt ihr Gesicht im Pullover ihrer Mutter und beginnt bitterlich zu weinen. Auch im weiteren Lauf des Nachmittags klammert sich das Kind an seine Mutter. Nach der ersten Enttäuschung reagiert Frau N. entspannt und lacht: „Ach, meine Kleine, so schlau bist du schon, dass

> Säuglinge zeigen anfänglich gegenüber jeder Person Bindungsverhalten.

Eine sichere Bindung legt den Grundstein für ein positives Selbstbild

du weißt, wer deine Mama ist. Du passt gut auf, dass du nicht gestohlen wirst!" Sie und Amiras Mutter verabreden, sich häufiger zu sehen, damit das Mädchen seine Tante allmählich kennenlernen kann. ■

Erst wenn Kinder zwischen vertrauten und fremden Personen unterscheiden können, beginnen sie zu „fremdeln". Egal ob Mädchen oder Jungen: Sie sind weder verzogen noch überbehütete „Mama-Kinder", wenn sie sich Fremden gegenüber skeptisch oder ängstlich verhalten. Da Kleinstkinder stark vom Wohlwollen ihrer Umwelt abhängig sind, suchen sie bei möglichen Gefahren Nähe, Schutz und Trost bei einer Bezugsperson. Unter evolutionärem Blickwinkel sichert diese Fähigkeit das Überleben.

Wenn Kindern im 1. Lebensjahr, wie überwiegend in westlichen Ländern üblich, mit der Mutter nur eine Haupt-Bindungsperson zur Verfügung steht, beharren sie stark darauf, nicht von dieser getrennt zu werden. Mit etwa 24 Monaten steigt dann die Bereitschaft, sich von der Bezugsperson zu entfernen und eigenständiger die Umgebung zu erkunden (vgl. Lohaus et al. 2004).

Bindungsmuster

Im Laufe der weiteren Entwicklung baut das Kind „innere Arbeitsmodelle" der Bindungen auf, die zu den primären Bezugspersonen entstehen. Auf dieser Grundlage beginnt es allmählich, Trennungssituationen zu akzeptieren. Da das Kind mit der inneren Repräsentation der bestehenden Bindung eine bestimmte Erwartung an Bindungsqualität verknüpft, kann sie jedoch auch zukünftige Beziehungen beeinflussen.

Über die Qualität der Bindung zwischen Kind und Bezugsperson gibt der von Mary Ainsworth entwickelte Fremde-Situations-Test Auskunft. Das Experiment legt Unterschiede im Bindungs- und Explorationsverhalten von Kindern im Alter von 12 bis 18 Monaten offen. Dabei wird eine standardisierte Situation geschaffen, in der Kinder Trennungsstress von ihrer Mutter erleben. Forschungsergebnisse zeigen, dass sich vier charakteristische Bindungsmuster voneinander unterscheiden lassen: sichere Bindung, unsicher-vermeidende Bindung, unsicher-ambivalente Bindung sowie desorganisiert-desorientierte Bindung (vgl. Lohaus et al. 2004). Sicher gebundene Kinder haben ein positives Bild von sich selbst sowie positive Erwartungen an die Bezugspersonen. Sie spielen angstfrei und unbefangen, erforschen spontan ihre Umgebung. Unter Belastung und wenn sie verunsichert sind, wenden sie sich an ihre Bezugsperson. Sie vertrauen ihr, dass sie ihnen helfen und sie trösten wird. Unsicher-vermeidend gebundene Kinder vermeiden während der Testsituation den Kontakt zur Bezugsperson, spielen demonstrativ allein und wirken trotz der Stresssituation betont unbelastet. Ihr Verhalten kann als Anpassung an eine Bezugsperson interpretiert werden, die häufig wenig feinfühlig auf die Gefühls- und Bedürfnisäußerungen des Kindes reagiert und sich in vergangenen – für das Kind misslichen – Situationen zurückgezogen hat, negativ auf Annäherungsversuche reagierte, dem Kind kaum Gelegenheit zu Körperkontakt gab bzw. Körperkontakt in unerfreulicher und wenig befriedigender Art gewährte. Unsicher-ambivalente gebundene Kinder zeigen gegenüber der Bindungsperson einerseits heftigen Ärger, andererseits aber auch Widerstand gegen Nähe. Die Kinder können nicht einschätzen, ob und wann die Bezugsperson feinfühlig re-

> Wenn Kinder fremdeln, bedeutet das nicht, dass sie verzogen oder überbehütet sind.

agieren und verlässlich zur Stelle sein wird. Wahrscheinlich haben sie häufig erlebt, dass die Bindungsperson widersprüchlich und unvorhersehbar reagierte: Mal wurde das kindliche Bedürfnis nach Nähe und Trost erfüllt, oft aber auch nicht wahrgenommen oder sogar bestraft. Bindungsunsicherheit wird auch bei desorganisiert-desorientiert gebundenen Kindern vermutet. Unter Belastung und während der Trennungsphase im Test zeigen sie ein sehr widersprüchliches und schwer zu interpretierendes Verhalten: Sie erstarren, schneiden Grimassen und wechseln plötzlich – auch während der Anwesenheit ihrer Bezugsperson – ihr Verhalten. Bei ihnen scheint ein innerer Konflikt vorzuliegen, der einerseits den Kontaktwunsch, aber andererseits auch die Angst vor der Bindungsperson beinhaltet. Sie können diese nicht als „sichere Basis" nutzen. Ihre Möglichkeit zur Exploration der Umwelt ist deshalb stark eingeschränkt. Viele der Kinder, die im Fremde-Situations-Test als desorganisiert-desorientiert gebunden eingeschätzt werden, haben Missbrauchs- oder Vernachlässigungserfahrungen hinter sich. Einige der Kinder zeigten allerdings schon als Neugeborene und unabhängig von der Feinfühligkeit des elterlichen Verhaltens Regulationsschwierigkeiten (vgl. Haug-Schnabel/Bensel 2017).

Einfluss von Bindungserfahrungen

Für die Qualität der Bindung spielt das elterliche Fürsorgeverhalten eine entscheidende Rolle. Die Bedeutung der frühen Bindungserfahrungen, die in den inneren Arbeitsmodellen repräsentiert sind, kann insbesondere auf die spätere sozial-emotionale Entwicklung Einfluss nehmen. Kinder mit sicheren Bindungen scheinen im späteren Verlauf der Kindheit kontaktfreudiger und beliebter zu sein als unsicher gebundene Kinder. Sie sind eher bereit, nach sozialer Unterstützung zu suchen, da sie erwarten, von ihrer sozialen Umgebung Hilfe zu erhalten. Auch die kognitive Entwicklung kann durch eine sichere Bindung unterstützt werden, da die Kinder ihre Bezugspersonen als sichere Basis für die Erkundung der Umgebung nutzen. Infolgedessen sind sie weniger damit beschäftigt, Bindungsverhalten zu zeigen, um das Fürsorgeverhalten ihrer Bezugspersonen zu aktivieren (vgl. Lohaus/Vierhaus 2013). Wenn Bezugspersonen schnell mit Ärger reagieren, kann dies zu einem vermeidenden Interaktionsstil des Kindes führen. Bei unsicher-vermeidender Bindung besteht die Gefahr, dass es seine Umwelt am Ende des Kleinkindalters als frustrierend und feindselig betrachtet (vgl. Magai 1995).

> Bindungserfahrungen führen zu inneren Arbeitsmodellen.

Trotz dieser Tendenzen geben die Bindungserfahrungen mit den primären Bezugspersonen allein noch keine Auskunft über die weitere Entwicklung. Auch wenn die Einstellungserwartungen der Kinder an Beziehungen sich auf ihre persönliche und soziale Entwicklung auswirken, sind unterschiedliche Verläufe möglich. „Denn es gibt neben den elterlichen Einflüssen noch andere, welche frühe Muster von dysfunktionaler Kommunikation abmildern. Dazu gehören Geschwister und andere Erwachsene, die unterschiedliche Modelle dafür bieten, wie man Gefühle ausdrücken und verstehen kann" (Magai 1995, S. 148). Ein Rückschluss auf die Auswirkung früherer Bindungserfahrung auf späteres Verhalten gelingt nur, wenn die Umgebung eines Kindes konstant bleibt. Wenn sich Veränderungen im sozialen Gefüge ergeben, können sich Bindungserfahrungen und auch die daraus resultierenden Konsequenzen für die innere Vorstellung von Beziehungen sowie das Verhalten ändern.

IST EINE SICHERE BINDUNG IMMER DIE BESTE BINDUNG?

Mit dem Wissen, stets auf seine Bindungsperson als „sichere Basis" zurückgreifen zu können, tritt ein sicher gebundenes Kind der Welt neugierig und offen gegenüber. Indem es seine Umgebung frei erforschen kann, hat es gute Chancen, viele seiner Entwicklungspotenziale zu verwirklichen. Ein unsicherer Bindungsstil dagegen kann sich negativ auf die Möglichkeiten eines Kindes auswirken, die Welt unbefangen in Augenschein zu nehmen und kennenzulernen.
Trotzdem bringt auch ein unsicher-vermeidender oder unsicher-ambivalenter Bindungsstil Kindern Vorteile. Unsichere Bindungsstile ermöglichen es, mit dem eingeschränkten oder unzuverlässigen Angebot an elterlicher Feinfühligkeit zurechtzukommen. Das Kind kann am Anfang des Lebens seine Bindungspersonen nicht auswählen und muss sein psychisches System auf das vorhandene Angebot einstellen. Auch wenn es Einschränkungen mit sich bringt: Ein organisiertes, wenngleich unsicheres Arbeitsmodell von Bindung ermöglicht es dem Kind, in einer Beziehung zu einer abweisenden oder schwer einzuschätzenden Bindungsperson handlungsfähig und im Kontakt zu bleiben (vgl. Lohaus/Vierhaus 2013).

3. Bindung und Beziehung in der Kita

Es ist verhaltensbiologisch angelegt, dass Kinder zu mehreren Bezugspersonen Bindungen aufbauen können. Damit sind sie in der Lage, unterschiedliche Erfahrungen von Bindungsqualität zu erwerben. „Diese Bindungen können der Bewältigung unterschiedlicher Entwicklungsaufgaben dienen: so dient die Mutterbindung eher der Sicherheit, die Vaterbindung mehr der Exploration, die Beziehung zur pädagogischen Fachkraft dem Vertrauen in weitere Sozialangebote" (Haug-Schnabel/Bensel 2017, S. 59).

■ **Praxisbeispiel:** Frau M. ist jetzt bereits seit zwei Monaten in Elternzeit (s. Praxisbeispiel S. 17). Sie verbringt den Sonntagnachmittag gemeinsam mit ihrer Frau und ihrer Tochter Marcella auf dem sehr belebten Spielplatz. Dabei fällt ihr Folgendes auf: „Guck mal, die meisten Mütter sind eher so Trösterinnen. Wenn sie mitspielen, dann reichen sie die Förmchen oder helfen ihrem Kind, mit anderen in Kontakt zu kommen. Aber der Vater hier macht richtig Action, jagt mit seinen beiden Kids übers Klettergerüst." Nachdenklich fügt sie hinzu: „Seit ich mit Marcella zu Hause bin, habe ich mich verändert. Ich bin ruhiger im Umgang mit ihr und auch ein bisschen vorsichtiger geworden. Wenn du jetzt nach der Arbeit nach Hause kommst, wirfst du sie hoch in die Luft und ich denke mir oft ‚Hoffentlich geht das gut!'" Die beiden kommen zu dem Schluss, dass sich tatsächlich ein Rollenwechsel vollzogen hat. ■

Die unterschiedlichen Bindungen unterscheiden sich auch in ihrer jeweiligen Intensität. Außer der Bindung an die Hauptbezugspersonen entwickeln Kinder nach und nach Bindungen zu anderen Mitgliedern der Familie oder der sozialen Gruppe, in der sie aufwachsen. Wie sich die jeweiligen Bindungen ausprägen und welche Qualität von Bindung angestrebt wird, hängt auch von den kulturellen Zusammenhängen ab, in die das Kind hineingeboren wird. Die enge und exklusive Bindung, die ein Kind aus der westlichen Mittelschicht zu seiner Mutter entwickelt, unterscheidet sich sehr von der Art der Bindungen, die z. B. Kinder auf Bauernhöfen in Kamerun kennenlernen. „In vielen nicht westlichen Dörfern haben Kinder in den ersten Lebensjahren bis zu 20 Bezugsperson, von denen zuweilen manche wichtiger sind als andere oder aber auch völlig gleichwertig (...). So wird kein personenspezifisches Band geknüpft, das Sicherheit in unsicheren Situationen vermitteln kann, sondern eher eine breitere situative Sicherheit und Vertrauen in die Umwelt erworben, die sowohl Kinder als auch Erwachsene umfasst" (Keller 2016, S. 8). Auch wenn Bindung genetisch verankert ist, wäre es also falsch anzunehmen, dass eine sehr starke Bindung an eine Hauptbezugsperson einer universellen Norm entspricht. Bindung richtet sich vielmehr nach den unterschiedlichen Erfordernissen der Kultur und des gemeinsamen Zusammenlebens.

> Die Fachkraft-Kind-Beziehung ergänzt die Bindung zu den Hauptbezugspersonen.

Fachkraft-Kind-Beziehung

Ob in der Kita oder der Tagespflege: Kinder können zu pädagogischen Fachkräften Beziehungen aufbauen, die bindungsähnlichen Charakter haben und Bindungssicherheit vermitteln (vgl. Ahnert/Pinquart/Lamb 2006). Dazu müssen allerdings einige Voraussetzungen erfüllt sein: „Sichere Erzieherinnen-Kind-Beziehungen entstehen in der außerfamiliären Tagesbetreuung dort, wo die Gruppenatmosphäre durch ein empathisches Erzieherinnenverhalten bestimmt wird. Dieses ist (...) gruppenbezogen ausgerichtet und bedient die wichtigsten sozialen Bedürfnisse eines Kindes unter der Einbeziehung der Anforderungen der Gruppe zum richtigen Zeitpunkt" (Ahnert 2014, S. 276). Die Fachkraft-Kind-Beziehung stellt also kein Abbild der Eltern-Kind-Beziehung dar und ersetzt nicht die Bindung zu den Hauptbezugspersonen. Die Beziehung zwischen einer pädagogischen Fachkraft und einem Kind hat eine eigene Qualität. In der Regel beschränkt sie sich auf die Betreuungssituation und den gemeinsamen Alltag in der jeweiligen Einrichtung.

Da Kinder in der Kita oder Tagespflege oft zum ersten Mal über längere Zeit von ihren primären Bezugspersonen getrennt sind, sollte darauf geachtet werden, die Beziehungsanbahnung zu den einzelnen pädagogischen Fachkräften nicht zu abrupt zu gestalten. Untersuchungen machen deutlich, dass Kinder erhebliche Anpassungsleistungen zeigen müssen, wenn die Tagesbetreuung ohne eine Phase der Eingewöhnung beginnt (vgl. Ahnert 2014).

Beziehungen in der Peergroup

■ **Praxisbeispiel:** Jani und Emre, beide 20 Monate alt, haben sich in eine Ecke des Raumes zurückgezogen und ein neues Spiel entdeckt: Emre läuft voraus und verschränkt die Hände auf dem Rücken. Jani geht fünf Schritte hinter ihm her und imitiert dabei den Pinguingang. Dann wechseln sie. Nun läuft Jani voran und beginnt, im Schrittrhythmus mit dem Kopf zu nicken, Emre ahmt ihn nach. Beide sind sehr fröhlich und lachen. Das Spiel zieht sich über 10 Minuten hin. Die beiden Jungen finden zahlreiche weitere Variationen. ■

„Jetzt bin ich dran, dann darfst du …"

Schon unter 2-Jährige interagieren miteinander und spielen nicht nur nebeneinander. „Die Analyse von Interaktionen, in deren Verlauf die Bedeutungen wechseln, zeigt auf, dass Kinder schon im zweiten Lebensjahr in der Lage sind, in komplexer Form miteinander zu interagieren. Diese Interaktionen ließen sich zu (…) Mustern zusammenfassen, (…) die das Bedürfnis und die Bereitschaft der Kinder zeigen, sich auf andere einzulassen und Beziehungen miteinander einzugehen" (Viernickel 2000, S. 256 f.). Die Interaktionsmuster dieser sehr jungen Kinder entsprechen deren Entwicklungsaufgaben im soziokulturellen Bereich: Es geht um Spiel, Socializing und Auseinandersetzungen. Individuelles soziales Lernen in einer Peergroup (unabhängig von erwachsenen Bezugs- und Bindungspersonen) beginnt also sehr früh.

Kinder, die miteinander interagieren, bringen sich in ihrer sozialen Entwicklung voran und stimulieren sich kognitiv. Sie erfinden gemeinsame Spielformen wie Imitations- und Kuckuck-Spiele, trainieren bestimmte Bewegungsabfolgen und Geräusche oder machen gemeinsam Quatsch. Regeln erfinden und sich an diese halten, versuchen, den/die Spielpartner*in zu verstehen, sich aufeinander beziehen, sich durchsetzen oder Kompromisse aushandeln: Zahlreiche soziale Kompetenzen werden in kleinen Kindergruppen, die sich autonom organisieren, früh geübt (vgl. Schneider/Wüstenberg 2012). Doch die Aufnahme von Beziehungen zu Gleichaltrigen stellt für Kinder keine leichte Aufgabe dar, denn diese folgen ihren eigenen Plänen und Wünschen. Das Aufeinandertreffen unterschiedlicher Interessen führt darum häufig zu Konflikten. Um eine Beziehung zu Gleichaltrigen trotzdem aufrechtzuerhalten, bedarf es besonderer Bemühungen, die in der Beziehung zu Eltern oder pädagogischen Fachkräften nicht notwendig sind.

Auch im Alter von 3 bis 6 Jahren findet der Erwerb sozialer Kompetenzen in Alltagssituationen statt – besonders dort, wo sie mit anderen Kindern Kontakt pflegen und spielen. Gelingt es den Kindern, Peerbeziehungen aufrechtzuerhalten, erfüllen diese wichtige Funktionen wie z. B.:

- „Begleitung und Hilfe bei Problemen und Anforderungen,
- die Aufrechterhaltung des Wohlbefindens,
- die Entwicklung des Selbstbildes durch soziale Vergleiche und
- die Entwicklung von Strategien zur Konfliktlösung" (Lohaus/Vierhaus 2013, S. 209).

Die Bedeutung ausgeglichener Peerkontakte wurde auch in Längsschnittstudien nachgewiesen: Kinder mit längeren und positiveren Betreuungserfahrungen in außerfamiliären Einrichtungen werden bis weit in die Schulzeit hinein als sozial beliebter in Peergruppen beschrieben (vgl. Schneider/Hasselhorn 2018).

IV

Kitas als Lebens- und Entwicklungsräume

In der Lebenswelt Kita finden wichtige sozial-emotionale Bildungsprozesse statt. Um das Bildungsangebot auszugestalten und weiterzuentwickeln, braucht es neben strukturellen Leitlinien vor allem eine Kultur der wertschätzenden Kommunikation, einen partizipativen Ansatz, vielfältige Methoden sowie passgenaue Präventionsmaßnahmen.

1. Leitgesichtspunkte sozial-emotionaler Förderung

Das allgemeine Wohlbefinden während des Kita-Tages, die Spiel- und Bildungsmöglichkeiten, das Beziehungsangebot der pädagogischen Fachkräfte, Freundschaften innerhalb der Kindergruppe: Das und vieles mehr wirkt auf die Persönlichkeitsentwicklung der Kinder. Pädagogische Prozesse qualitätsvoll zu gestalten, die die sozial-emotionale Entwicklung unterstützen, ist darum eine anspruchsvolle Aufgabe. Obwohl bei der Umsetzung vielfältige Aspekte einbezogen werden müssen, bildet die gemeinsame pädagogische Orientierung im Team die Grundlage. Um eine gute pädagogische Orientierungsqualität zu erzielen, d.h. ein gemeinsames Bildungs- und Erziehungsverständnis zu entwickeln, muss sich die Kita mit einem Strauß an Themen auseinandersetzen. Die Förderung der sozial-emotionalen Entwicklung berührt sowohl alle kindlichen Entwicklungsbereiche (Sprache, Motorik, Kognition usw.) als auch Fragen der Zusammenarbeit im Team und die Elternarbeit. Aber auch die Persönlichkeit und Biografie sowie die sozial-emotionalen Fähigkeiten jeder einzelnen pädagogischen Fachkraft spielen eine nicht zu unterschätzende Rolle.

Pädagogische Leitgesichtspunkte schaffen einen Rahmen, entlang dessen Handlungsorientierungen im Bereich der sozial-emotionalen Förderung entwickelt werden können. Für diesen Prozess braucht das Team nicht nur Zeit, um sich fachlich mit den verschiedenen Bereichen auseinanderzusetzen. Auch eigene Denkmuster und Verhaltensweisen immer wieder zu reflektieren und persönliche Kompetenzen zu stärken, fördert das professionelle Handeln.

Wichtige Leitgesichtspunkte im Bereich der sozial-emotionalen Entwicklung betreffen (vgl. Tietze et al. 2016):

- Kindeswohl,
- Handlungskonzepte für eine altersgerechte Begleitung und Förderung der Entwicklungsprozesse,
- Beobachtungsverfahren,
- Gleichheitsprinzip (alle Menschen sind gleich wertvoll, unabhängig von ihren individuellen Eigenschaften und Fähigkeiten),
- individuelle Wahrnehmung und Förderung,
- Erfahrungsmöglichkeiten im sozialen Miteinander,
- Umgang mit Emotionen und Sprechen über Gefühle,
- Konflikterfahrungen als Möglichkeit für Kinder, Handlungskompetenzen zu erwerben.

Ausgehend von diesen Leitgesichtspunkten lässt sich die Qualität der eigenen Arbeit differenziert betrachten, diskutieren und bewerten. Dadurch können sowohl Bereiche identifiziert werden, in denen Entwicklungsbedarf besteht, als auch weiterführende Schritte in Gang gesetzt werden.

Praxisbeispiel: Das Leitungsteam der Kita „Bahnhofstraße" hat sich zum Ziel gesetzt, die pädagogische Qualität im Bereich der sozial-emotionalen Förderung im Laufe des nächsten Kita-Jahres weiterzuentwickeln. Dazu haben sich drei Kolleg*innen bereits Gedanken zu einzelnen Leitgesichtspunkten gemacht und den Status quo untersucht. Nun wollen sie im Team gemeinsame Baustellen identifizieren und dann zusammen mit der ganzen Einrichtung daran arbeiten. Melanie hat die Leitgesichtspunkte „Kindeswohl" sowie „Konflikterfahrungen" und „Umgang mit Emotionen und Sprechen über Gefühle" bearbeitet. Sie stellt ihre Ideen vor: „Insgesamt können wir uns schon etwas auf die Schulter klopfen. Wir haben vor zwei Jahren ein Schutzkonzept erarbeitet, viel inhaltlich zum Thema Kindeswohl gemacht und auch an guten Fortbildungen teilgenommen, was im Alltag deutliche Veränderungen bewirkt hat. Außerdem haben wir ein Beschwerdemanagement eingeführt. Was ich aber gern noch als Arbeitsthema angehen würde, ist das Sprechen über Gefühle im Alltag. Da wird vieles von uns ganz intuitiv gemacht, was ja bestimmt auch richtig und wichtig ist. Mir fehlt aber noch der Austausch auf der Meta-Ebene und gemeinsame Richtlinien." Sandro pflichtet ihr bei: „Superwichtiger Bereich! Wir haben jetzt so viele Kinder, die erst mit 4 Jahren in die Kita kommen und noch nicht Deutsch sprechen. Ich weiß gar nicht, was bei denen ankommt, wenn ich

> Ein gemeinsames Bildungsverständnis ist die Grundlage der Förderung.

über Gefühle rede!" Das Leitungsteam verabredet, „Sprechen über Gefühle" als gemeinsames Arbeitsthema anzugehen. Sie sammeln erste Fragen, um die Thematik in anschaulicher Form ins ganze Team tragen zu können: Darf ich mit den Kindern darüber reden, wenn es mir schlecht geht? Brauchen wir Gefühls-Brückensätze in unterschiedlichen Familiensprachen? Wie reagiere ich, wenn Eltern nach außen immer fröhlich sind und auch ihre Kinder Probleme haben, ihre Traurigkeit zu zeigen? ■

Auch in schwierigen Situationen achtsam kommunizieren

Persönliche sozial-emotionale Fähigkeiten

Im Qualitätsbereich der sozial-emotionalen Entwicklung besteht ein besonders enger Zusammenhang zur persönlichen Einstellung und der Biografie jeder Fachkraft. Da in der täglichen Arbeit die eigenen Emotionen regelmäßig zum Einsatz kommen, sind sozial-emotionale Kompetenzen wichtige Werkzeuge im Umgang mit den Kindern, den Eltern und im Team. Die eigenen Einstellungen zu Emotionalität und sozial erwünschtem Verhalten bilden dabei die Hintergrundfolien für die persönliche Wahrnehmung und Interpretation, eigene Reaktionen und Interaktionsangebote. Nur wenn pädagogische Fachkräfte über entsprechende Kernkompetenzen verfügen bzw. diese auch weiterentwickeln, können sie die erarbeiteten pädagogischen Handlungskonzepte im Alltag umsetzen. In der Fortbildungsplanung ist es aus diesem Grund sinnvoll, auch Fort- und Weiterbildungen auszuwählen, in denen persönliche sozial-emotionale Fähigkeiten thematisiert, überprüft und weiterentwickelt werden. Reflexionsfähigkeit und Fachlichkeit können dabei Schwerpunkte bilden.

> Zur Professionalität gehört es, Sprache bewusst gewaltfrei einzusetzen.

2. Wertschätzende Kommunikation

Das Interaktions- und Sprachvorbild der pädagogischen Fachkräfte – nicht nur während der Interaktionen mit den Kindern, sondern auch im Austausch mit Kolleg*innen oder bei Gesprächen mit den Eltern – nehmen die Mädchen und Jungen wahr und greifen es auf.

■ **Praxisbeispiel:** „Guten Tag! Ich begrüße dich, ich bin Berit", sagt ein 4-järiges Mädchen stellvertretend für eine kleine Holzfigur, die es in der Hand hält. „Sei auch gegrüßt, ich heiße Ben!", antwortet ein gleichaltriger Junge nun für seine Figur. Dann neigen die Kinder beide Holzfiguren zueinander, sodass sie sich wie bei einer Umarmung sanft berühren. ■

Damit eine so achtsame Begrüßungskultur im Kleine-Welt-Spiel stattfinden kann, müssen Kinder Begrüßungsrituale bereits im Alltag kennengelernt haben. Zu wissen, dass es Begrüßungsformeln gibt, dass es wichtig ist, zuerst den Abstand zu wahren und sich dann nach der beidseitigen Vorstellung auch körperlich anzunähern, offenbart neben sprachlicher Kompetenz auch ausgeprägte soziale Fähigkeiten und Emotionswissen.

■ **Praxisbeispiel:** Die Dozentin und Sprachberaterin Merle B. sitzt gemeinsam mit angehenden pädagogischen Sprachförderkräften im Besprechungszimmer der Kita. Plötzlich wird es draußen auf dem Flur laut. Sie hören eine Kollegin, die im Befehlston ruft: „Jason, jetzt mal zackig. Los, los, Turnen ist vorbei! Die anderen müssen wieder mal nur wegen dir warten!" Eine Kollegin im Raum meldet sich zu Wort: „Mir wird gerade klar, dass das auch ich sein könnte im Flur. Das macht mich ganz betroffen. Wenn die Kinder uns so hören, ist es kein Wunder, dass es hier immer zugeht wie auf dem Fußballplatz, dass so viele schreien und rücksichtslos sind." Die Dozentin greift den Beitrag auf und fragt: „Wie würden Sie als Kind in dieser Situation gern angesprochen werden?" ■

Klare und eindeutige Formulierungen sind wichtig, um Sachinhalte zu vermitteln und Missverständnisse zu vermeiden. Wenn Wortgebrauch und Tonfall aber genutzt werden, um Machtverhältnisse zu demonstrieren und das Gegenüber abzuwerten, zeugt das von einem Mangel an Wertschätzung. Im Praxisbeispiel ist ein Kind direkt betroffen. Jason wird herausgestellt und gedemütigt, erfährt die Ansprache als gewaltvoll. Gleichzeitig erleben alle Kinder der Gruppe ein unangemessenes und negatives Sprachvorbild.

Ein gutes Modell, um in der Kita bewusst „Kreisläufe der Anerkennung" zu etablieren und einen gemeinsamen positiven Grundton in der Haltung und gegenseitigen Ansprache zu entwickeln, bieten die Reckahner Reflexionen (vgl. Deutsches Institut für Menschenrechte 2017). Die dort enthaltenen zehn Leitlinien, die für eine wertschätzende Pädagogik eintreten, enthalten konkrete Vorschläge, mit der die wechselseitige Achtung der Würde aller Mitglieder von pädagogischen Einrichtungen gestärkt wird:

„1. Kinder und Jugendliche werden wertschätzend angesprochen und behandelt.
2. Lehrpersonen und pädagogische Fachkräfte hören Kindern und Jugendlichen zu.
3. Bei Rückmeldungen zum Lernen wird das Erreichte benannt. Auf dieser Basis werden neue Lernschritte und förderliche Unterstützung besprochen.
4. Bei Rückmeldungen zum Verhalten werden bereits gelingende Verhaltensweisen benannt. Schritte zur guten Weiterentwicklung werden vereinbart. (…)
5. Lehrpersonen und pädagogische Fachkräfte achten auf Interessen, Freuden, Bedürfnisse, Nöte, Schmerzen und Kummer von Kindern und Jugendlichen. Sie berücksichtigen ihre Belange und den subjektiven Sinn ihres Verhaltens.
6. Kinder und Jugendliche werden zu Selbstachtung und Anerkennung der Anderen angeleitet.

DIE VIER SCHRITTE DER GEWALTFREIEN KOMMUNIKATION

(vgl. ausführlich Rosenberg/Seils 2012)

1. Beobachtung: In einer Situation sollte man zunächst genau beobachten und hinhören, was die Akteur*innen tun und sagen. Diese Beobachtung gilt es zu teilen, indem beschrieben wird, ohne dabei zu bewerten.
2. Gefühle: Im zweiten Schritt sprechen die Akteur*innen jeweils aus, was sie bei der Beobachtung des Geschehens fühlen. Löst es Freude, Trauer, Erschrockenheit usw. aus? Diese Gefühle sind auch körperlich wahrnehmbar.
3. Bedürfnisse: In diesem Schritt benennt man das Bedürfnis bzw. die Bedürfnisse, die hinter dem Gefühl stehen. Was ist mir wichtig? Was brauche ich?
4. Bitte: Der letzte und vierte Schritt ist eine Bitte, in der man so klar wie möglich äußert, was man vom Gegenüber möchte. Was kann die andere Person konkret tun, um die Situation zu verbessern?

7. Es ist nicht zulässig, dass Lehrpersonen und pädagogische Fachkräfte Kinder und Jugendliche diskriminierend, respektlos, demütigend, übergriffig oder unhöflich behandeln.
8. Es ist nicht zulässig, dass Lehrpersonen und pädagogische Fachkräfte Produkte und Leistungen von Kindern und Jugendlichen entwertend und entmutigend kommentieren.
9. Es ist nicht zulässig, dass Lehrpersonen auf das Verhalten von Kindern und Jugendlichen herabsetzend, überwältigend oder ausgrenzend reagieren.
10. Es ist nicht zulässig, dass Lehrpersonen und pädagogische Fachkräfte verbale, tätliche oder mediale Verletzungen zwischen Kindern und Jugendlichen ignorieren" (Deutsches Institut für Menschenrechte 2017, S. 4).

Die Leitlinien sollen die Reflexion anregen und als Orientierung für dauerhafte professionelle Entwicklungen auf der Beziehungsebene in pädagogischen Zusammenhängen dienen. Werden sie konsequent umgesetzt, findet bei der emotional-sozialen Entwicklung von Kindern ein Dreischritt statt. Die miteinander in Beziehung stehenden Einzelschritte „sind auch gleichzeitig wirksam, sie durchdringen einander:

1. Kinder erfahren die anerkennende Sorge ihrer verantwortlichen Erwachsenen.
2. Mit dieser Erfahrung können sie eine Haltung der Selbstachtung und Selbstsorge entwickeln.
3. Damit verfügen sie über persönliche Ressourcen, anerkennende Sorge für Andere zu entwickeln" (Prengel/Maywald 2020, S. 10).

Zur Professionalität gehört es auch, Sprache bewusst gewaltfrei einzusetzen. Das gelingt, wenn die Sprechenden einerseits die Sachebene im Blick haben und sich andererseits ihrer Gefühle und Bedürfnisse bewusst sind. Ich-Botschaften zu vermitteln, anstatt das Gegenüber mit Vorhaltungen oder Beschuldigungen anzugehen, ist beispielsweise eine wichtige Grundlage wertschätzender Kommunikation. Interessierte pädagogische Teams können aus einer Vielzahl ausgearbeiteter Kommunikationstechniken und -methoden wählen. Ein Beispiel für einen entsprechenden Kommunikationsstil ist das Vier-Schritte-Modell der Gewaltfreien Kommunikation (GFK) von Marshall B. Rosenberg (vgl. Rosenberg/Seils 2012) (s. Kasten S. 27). Dieses fungiert als hilfreiches Werkzeug, um Sprache aufrichtig, selbstverantwortlich und einfühlsam einzusetzen. Zunächst gilt es dabei mitzuteilen, was man im Augenblick sieht und fühlt. Auf dieser Grundlage können die eigenen Bedürfnisse wahrgenommen werden. Schließlich kann ein*e Akteur*in dem Gegenüber vermitteln, welches Verhalten der anderen Person im Moment hilfreich wäre. In einem wechselseitigen Prozess soll so über gelingende Kommunikationsprozesse die Lebensqualität aller Parteien verbessert werden.

Der Weg hin zu einer wertschätzenden Gesprächskultur lässt sich in Fortbildungen erlernen und kann auch über Mediation und Supervision durch Externe begleitet werden. Wertschätzende und gewaltvermeidende Kommunikation trägt darüber hinaus wesentlich dazu bei, Konflikte zu deeskalieren und im gemeinsamen Gespräch Lösungen für Probleme zu finden.

3. Beschwerdekultur und Konfliktmanagement

Ein weiteres wichtiges Merkmal guter Qualität, um die sozial-emotionale Entwicklung zu unterstützen, besteht im konstruktiven Umgang mit Konflikten. Diese können als Zusammenstoß von Standpunkten oder Interessen unterschiedlicher Personen bzw. Gruppen definiert werden. Konflikte laufen meist unter sehr ausgeprägter Beteiligung des Gefühls ab. In vielen Fällen fühlen sie sich unangenehm an: Im Streit oder bei Missverständnissen kommt es zu Ärger und Wut, Unsicherheit und Überraschung, Angst und Traurigkeit, aber auch Neid, Eifersucht, Scham und weitere Gefühle können das emotionale Erleben während eines Konflikts bestimmen. Konflikte sind aus diesem Grund wichtige sozial-emotionale Lernfelder (s. Kapitel VI.7).

Konstruktive Haltung gegenüber Konflikten

Jeder Mensch entwickelt einen eigenen Stil im Umgang mit Konflikten. Einige werfen sich stark in eine Stresssituation hinein, andere gehen Streit aus dem Weg oder versuchen sich mit Beharrlichkeit durchzusetzen. Um wirklich fair zu streiten und im Konfliktfall Kommunikationsmittel wertschätzend und konstruktiv einsetzen und vermitteln zu können, bedarf es kontinuierlicher Übung – auch noch weit in das Erwachsenenalter hinein. Gleichzeitig braucht es in der Kita aber eine Kultur konstruktiver Konflikte. Dafür ist die Frage nach der eigenen Haltung zentral. Häufig werden Konflikte aufgrund eigener Lernerfahrungen und nicht hinterfragter Wertvorstellungen negativ oder verzerrt wahrgenommen:

- Konflikte stören den reibungslosen Ablauf. Eine konfliktvermeidende Einstellung („Harmoniebedürfnis") verhindert dabei sowohl die angemessene Einschätzung eines Konflikts als auch den aktiv-konstruktiven Umgang mit Konfliktsituationen insgesamt.
- Konflikte werden als „nicht normal" gewertet, als Abweichung von der Regel und Zeugnis für das Versagen von Kontrollmechanismen.
- Der Blick auf Konflikte ist u. U. durch Vorurteile und Voreingenommenheit eingefärbt. Beispielsweise kann der Blick darauf verengt sein, nur Jungen als konfliktsuchend zu erleben.

Fokussieren sich die Beteiligten im Konflikt auf negative Aspekte, kommt es häufig zu persönlichem Stress. Vermeidungsverhalten einerseits oder Unruhe und blinder Aktionismus andererseits können dann den sinnvollen Umgang mit einer aktuellen Problematik verhindern. Beispielsweise erschwert ein stetes Abwiegeln von Konflikten, dass Kinder Erfahrungen in diesem wichtigen Lernfeld sammeln können. Und wenn einzelne pädagogische Fachkräfte eine mangelnde Impulskontrolle aufweisen und nicht daran arbeiten, sind Kinder dauerhaft starken Stimmungsschwankungen oder heftigen emotionalen Ausbrüchen ausgesetzt.

> Sowohl Vermeidungsverhalten als auch blinder Aktionismus verhindern einen sinnvollen Umgang mit Konflikten.

Wenn das Kita-Team ein aktives und konstruktives Konfliktmanagement betreibt, wirkt sich das positiv auf die Qualität der pädagogischen Arbeit aus. Konflikte machen unterschiedliche Meinungen, Bedürfnisse und Interessen sichtbar. Werden sie (an)erkannt und gemeinsam bearbeitet, kann dies Entwicklungen vorantreiben. In jedem Team gibt es eine Vielzahl von Reibungspunkten, die konstruktiv bewältigt werden können. Kenntnis über die Ursachen von Konflikten, über unterschiedliche Konflikttypen und Eskalationsprozesse spielen für die Etablierung einer tragfähigen Konfliktkultur eine genauso große Rolle wie das Wissen um Teamentwicklungsprozesse und Voraussetzungen produktiver Teamarbeit. Eine gemeinsame Orientierung zu erarbeiten, die Konflikte als Chancen bewertet, bildet die Grundlage dafür, die Kultur des Zusammenlebens in der Kita insgesamt zu verbessern und sozial-emotionales Lernen zu fördern.

Beschwerdeverfahren

Beschwerdeverfahren, die sowohl für Kinder als auch für das Kita-Personal und Eltern erarbeitet werden können, bieten eine sinnvolle Möglichkeit, alltägliche Problemstellungen und Konflikte aufzugreifen und professionell zu bewältigen (vgl. Frömbgen/Hansen/Seelig 2019).

■ **Praxisbeispiel:** Erol (3;9 Jahre) steht morgens mit verschränkten Armen im Gruppenraum. Als die Erzieherin Anja ihn fragt, was er gern tun möchte, findet er „alles blöd". Dann bricht es aus ihm heraus: „Ich bin gerade um die Ecke gelaufen das Aquarium angucken, und dann war die Mama weg." Im weiteren Gespräch macht Erol deutlich, dass er traurig ist, weil er sich nicht von seiner Mutter verabschieden konnte. Die Fachkraft bietet dem Jungen an, nachmittags beim Abholen gemeinsam mit ihm und seiner Mutter über den Vorfall zu sprechen. Sie schlägt vor: „Vielleicht magst du ein Bild malen, damit deine Mama genau sieht, was nicht gut gelaufen ist und was du dir von ihr wünschst?" Erol sieht nun nicht mehr ganz so grimmig aus. Er geht zum Tisch und überlegt kurz – dann beginnt er, mit dicken Farbstiften ein Bild zu malen. ■

Beschwerden werden als Äußerungen von Unzufriedenheit verstanden, die

- gegenüber einer Organisation oder deren Vertreter*innen geäußert werden,
- mit der Absicht geäußert werden, auf ein als störend empfundenes Verhalten hinzuweisen,
- eine Verbesserung der Situation, die Beseitigung der Beschwerdeursache oder eine Wiedergutmachung erreichen sollen.

Eine Beschwerde richtet sich also direkt an den/die Beschwerdeverursachende*n und hat das Ziel, eine Veränderung zu bewirken. Damit unterscheiden sich Beschwerden z. B. vom Petzen, Lästern, Maulen und Nörgeln (vgl. Evangelisch-Lutherisches Kindertagesstättenwerk Lübeck 2015).

■ **Fortsetzung Praxisbeispiel:** Als Erols Mutter ihn abholt, überreicht ihr Sohn ihr sein Beschwerdebild und ergänzt mit Anjas Unterstützung, dass ihn die fehlende Verabschiedung traurig gemacht hat. Seine Mutter reagiert ganz überrascht: „O je, ich dachte, du bist schon beim Spielen. Da wollte ich dich nicht stören. Ab jetzt achte ich darauf, dass wir uns immer richtig verabschieden, okay?" Erol nickt zufrieden. Auch Anja freut sich. Weil der Junge seine Beschwerde selbst vorgebracht hat und den Konflikt gemeinsam mit seiner Mutter gelöst hat, fand ein beziehungsstärkender Austausch statt. ■

4. Umgang mit Gewalt

Gewalt in jedweder Form – seelisch oder körperlich – kann die sozial-emotionale Entwicklung nachhaltig beeinträchtigen. Kinder, die Gewalt erleben, integrieren diese Erfahrung in ihre Konzepte des Umgangs miteinander. Auch Kinder, die nicht unmittelbar betroffen sind, aber Gewalt als „machbar" oder gar als „normal" in ihrem Umfeld erleben, können entsprechende Verhaltensweisen als Modelle für den Umgang miteinander abspeichern. Um ein entwicklungsförderliches Klima in der Kita zu gewährleisten, kommt Fachkräften deshalb die Aufgabe zu, im Alltag Situationen zu identifizieren, in denen die Macht einer Person in Gewalt gegen eine andere umschlägt. Nur so können sie frühzeitig eingreifen und Wiederholungen verhindern. Institutionen müssen ihrer Bestimmung und Aufgabe nach Orte sein, in denen der Umgang mit Gewalt thematisiert und gewaltvolles Verhalten unterbunden wird. Jörg Maywald, Sprecher des Netzwerks zur Umsetzung der UN-Kinderrechtskonvention, betont die Notwendigkeit eines ganzheitlichen Schutzkonzepts: „Damit sich die Kita dem Ziel, ein sicherer Ort für Kinder zu sein, immer weiter annähert, sollte jede Einrichtung über ein institutionelles Schutzkonzept verfügen, das sowohl Maßnahmen der Prävention als auch der Intervention (…) verbindlich festlegt. Schließlich empfiehlt sich, das Leitbild des Trägers und das Konzept der Einrichtung an den in der UN-Kinderrechtskonvention niedergelegten Rechten der Kinder zu orientieren" (Maywald 2019, S. 8).

Übergriffe und Gewalt lassen sich in Kindertageseinrichtungen immer wieder sowohl unter Kindern als auch durch pädagogische Fachkräfte beobachten. Übergriffe unter Kindern können in Form von körperlicher, seelischer und auch sexualisierter Gewalt auftreten. In Abstimmung mit dem Träger sollte darum jede Einrichtung ein umfassendes Konzept für den Umgang mit Übergriffen erarbeiten. Entsprechende Leitlinien können auch im Rahmen eines sexualpädagogischen Gesamtkonzepts festgelegt werden. Wichtig ist jedoch, dass sie sowohl Präventionsmaßnahmen als auch Handlungsorientierungen beinhalten, die Fachkräfte beim konkreten Eingreifen und den weiteren Schritten unterstützen, wenn sie Übergriffe beobachten (vgl. Maywald 2019).

> Wann schlägt im Kita-Alltag die Macht einer Person in Gewalt um?

Auch Fehlverhalten und Gewalt durch pädagogische Fachkräfte kommen in unterschiedlicher Ausprägung und Häufigkeit in Kitas vor. Dazu zählen nicht nur sexueller Missbrauch und körperliche Bestrafungen wie Schütteln oder Schubsen und Zerren. Auch Beschämen, Anschreien, abwertende Vergleiche, Bevorzugung von Lieblingskindern, Diskriminierung, Zwang zum Essen, rigide Schlafenszeiten, Nötigung zum Toilettengang, Fixieren, mangelnde Fürsorge, ungenügende Nähe-Distanz-Regulation oder das Ignorieren von Übergriffen unter Kindern stellen unzulässige Grenzverletzungen dar.

In jedem Fall, der als Gewalt gegen Kinder einzuordnen ist, werden die Grundsätze der pädagogischen Arbeit und die Leitgesichtspunkte verletzt, die die Förderung der sozial-emotionalen Entwicklung zum Ziel haben. Es dient nicht dem Kindeswohl, Vorfälle abzuwiegeln oder Schuld abzuschieben – auf den stressigen Alltag, die Eltern, die Kindergruppe oder gar das betroffene Kind selbst. Jede Fachkraft hat die Verantwortung, sich das Wissen um Formen von Gewalt anzueignen und Verfehlungen dieser Art bei Kolleg*innen oder dem Leitungsteam anzusprechen. Auch die Bereitschaft zur Selbstreflexion und, wenn notwendig, zur Beanspruchung professioneller Hilfe gehört dazu, um die Kita zu einer gewaltfreien, sicheren Umgebung zu machen (vgl. Maywald 2019).

5. Förderung seelischer Gesundheit

Psychische Gesundheit ist eine wesentliche Voraussetzung für Lebensqualität, Leistungsfähigkeit und soziale Teilhabe. Auch sie steht darum im Zentrum sozial-emotionaler Förderung. „Gesund aufwachsen' ist ein vorrangiges nationales Gesundheitsziel (…), auf das sich alle wichtigen Akteure der Gesundheits-, Bildungs- und Sozialpolitik geeinigt haben: Kitas sollen wichtige Aufgaben bei der Förderung gesunden Ernährungs- und Bewegungsverhaltens, bei der Stärkung von Schutzfaktoren und bei der Vermittlung von Fähigkeiten zur Stressbewältigung für die Kinder übernehmen" (BZgA/UKE 2007).

Psychische Auffälligkeiten im Kindes- und Jugendalter gehen häufig mit hohen psychosozialen Beeinträchtigungen einher und können bis ins Erwachsenenalter bestehen bleiben. In einer umfangreichen Studie, dem deutschen Kinder- und Jugendgesundheitssurvey (KiGGS), wurden in einem Modul zur psychischen Gesundheit 20% der Kinder in Deutschland als psychisch auffällig eingeschätzt (Ravens-Sieberer et al. 2007). In der zweiten Welle der Studie wurde eine rückläufige Tendenz psychischer Auffälligkeiten festgestellt. Zur Verbesserung beigetragen haben könnten zahlreiche zwischenzeitlich ins Leben gerufene Projekte in Kindergärten und Schulen, aber auch die Ausweitung der Kindervorsorgeuntersuchungen zu einer besseren Prävention psychischer Störungen. Gleichzeitig wurde jedoch festgestellt, dass die Anzahl psychisch auffälliger Kinder und Jugendlicher sich nach wie vor auf hohem Niveau bewegt. Die Ergebnisse zeigten in Teilbereichen auch unveränderte Werte (vgl. Robert Koch-Institut 2018):

- Der Anteil von Kindern mit nach innen gerichteten Auffälligkeiten, wie depressiven Verstimmungen, ist höher als der von Kindern, die ein nach außen gerichtetes auffälliges Verhalten, wie z. B. ADHS, zeigen.
- Jungen sind häufiger von psychischen Auffälligkeiten betroffen als Mädchen.
- Kinder und Jugendliche aus Familien mit niedrigem sozioökonomischen Status sind mehr als doppelt so häufig psychisch auffällig wie Gleichaltrige aus Familien mit hohem sozioökonomischen Status.

> Die Anzahl psychisch auffälliger Kinder bewegt sich nach wie vor auf hohem Niveau.

Präventionsmaßnahmen

Die kindliche Entwicklung zu begleiten und zu unterstützen, beinhaltet präventiv zu arbeiten. Der Grundgedanke von Gesundheitsprävention besteht darin, Gesundheit zu fördern und Krankheiten und/oder psychische Störungen zu verhindern oder zu reduzieren. Präventive Maßnahmen richten sich daher an Personen, die keine oder nur im geringen Maße erste Symptome einer zu verhindernden Krankheit oder Störung zeigen. Ohne entsprechende Maßnahmen erhöht sich das Risiko für eine Kumulation oder für Wechselwirkungen von risikoerhöhenden Bedingungen und damit für einen anhaltend negativen Entwicklungsverlauf. Da die Zeitspanne vom Kindergarten bis in die ersten Schuljahre eine besonders günstige Zeitspanne darstellt, Verhaltensstörungen effektiv vorzubeugen, kommt der Kita eine bedeutende Rolle zu (vgl. BZgA/UKE 2007).

Grundsätzlich werden Präventionsmaßnahmen danach unterteilt, wie spezifisch sie ausgerichtet sind und auf welche Personengruppe sie abzielen: Universelle Maßnahmen der primären Prävention richten sich an die Gesamtbevölkerung und sind für symptomfreie Personen angelegt.

■ **Praxisbeispiel:** Lydia (5 Jahre) begleitet heute ihre 7-jährige Schwester zum „Ich sag Nein!"-Training. In der Turnhalle stellen sich acht Kinder in der Runde auf. Sobald die Anleiterin einem Mädchen etwas ins Ohr geflüstert hat, läuft es zu Lydias Schwester. Dann steht das Mädchen vor ihr und will sie kitzeln. Lydias Schwester ruft laut: „Nein, ich will das nicht! Kitzeln mag ich nicht!" Lydia ist verblüfft: Es funktioniert, das Mädchen gibt sein Vorhaben auf! ■

Primärpräventive Arbeit im Rahmen der seelischen Gesundheit in Kitas beinhaltet Angebote und Übungsmöglichkeiten für alle Kinder. Der Umgang mit den eigenen Emotionen und mit Konflikten sind dabei wichtige Themen. Zusätzlich zur präventiven Arbeit im Alltag existieren auch umfassende Programme für die primäre Prävention in Kitas (s. Kapitel VII.1).

Selektive Maßnahmen der sekundären Prävention sind für Risikogruppen gedacht. Sie haben das Ziel, Risikoverhalten abzubauen bzw. risikoerhöhende Bedingungen einzudämmen. Wenn Kinder aufgrund vorhandener Risikofaktoren als gefährdet eingeschätzt werden oder bereits auffallen, sollten in der Kita besondere Maßnahmen ergriffen werden. Mit ihnen können Stärken gestärkt und Ressourcen mobilisiert werden. Das gelingt beispielsweise über die Arbeit in Kleinstgruppen und das verstärkte Einbeziehen der Eltern.

Austausch im Team, um Auffälligkeiten zu besprechen

■ **Praxisbeispiel:** Im Elterngespräch äußert sich die Mutter des 4,5-jährigen Julian: „Das ist alles ganz schön heftig gerade. Seit meine Älteste in der Pubertät ist, haben wir Dauerstress und ich bin ständig am Herumbrüllen! Ich fürchte einfach, dass Julian darunter leidet." Die pädagogische Fachkraft antwortet: „Ich freue mich, dass Sie den Mut aufbringen, ein heikles Thema anzusprechen. In manchen Zeiten kommen Belastungen auf uns zu, die uns stark herausfordern. Wir haben im Team eigentlich nicht den Eindruck, dass Julians Verhalten sich stark geändert hat. Er ist aber teilweise etwas ruhiger als sonst. Was könnte jetzt eine gute Unterstützung für Sie sein? Hätten Sie vielleicht Lust, das Elterntraining in der Familienbildungsstätte anzuschauen? Da geht es sehr entspannt und unterstützend zu. Es soll hilfreiche Tipps geben, und man sieht, dass auch andere Mütter und Väter nicht perfekt sind!" Julians Mutter hat beim Begriff Elterntraining erst die Augenbraue hochgezogen, wirkt nun aber interessiert. ■

Indizierte Maßnahmen der tertiären Prävention wenden sich an Personen oder Gruppen, die bereits erste Symptome entwickeln. Ihr Ziel ist die Wiederherstellung eines symptomfreien Zustands. Stellen das Kita-Team oder die Eltern erste Symptome fest, sollten Fachdienste zur Abklärung hinzugezogen und auf die Bedürfnisse des Kindes zugeschnittene Maßnahmen ergriffen werden.

■ **Praxisbeispiel:** Im Team der Kita „Dorffüchse" wird über Tristan gesprochen. Seit mehr als drei Monaten verhält sich der 4-Jährige übermäßig schüchtern. Seine Bezugserzieherin berichtet, dass sie das Gefühl hat, dass sich der Junge nichts mehr zutraut und auch zunehmend den Kontakt zu den anderen Kindern verliert. Weitere Kolleg*innen bestätigen diese Beobachtung. „Ihr habt bereits gezielte Versuche unternommen, Tristan individueller zu unterstützen. Ich habe den Eindruck, Tristan braucht mehr, als wir ihm im Alltag geben können", fasst die Leiterin zusammen. „Sollen wir den Förderpädagogen mit ins Boot holen?" ■

Eine Ergänzung universeller Maßnahmen durch indizierte Maßnahmen verbessert deren Wirksamkeit. Das heißt, nach einer Maßnahme, die sich an alle Kinder gerichtet hat, ist für einzelne Kinder eine gezielte Anschlussförderung sinnvoll (vgl. Scheithauer/Rosenbach/Niebank 2012). Neben direkten Aktivitäten in der Kita muss außerdem bei Präventionsmaßnahmen aller Art – ob es sich um die Zahngesundheit, die Sicherheit auf dem Schulweg oder die seelische Gesundheit handelt – ein Schwerpunkt darauf liegen, Eltern einzubeziehen. „Nur eine nachhaltige, langfristige, zuverlässige und durch mehrere Akteure getragene und umgesetzte Präventionsarbeit führt zum eigentlichen Ziel" (Aktion Gib acht im Verkehr 2013). Um Präventionsmaßnahmen im Rahmen der psychischen Gesundheit effektiv und nachhaltig umzusetzen, sollte das Team darum geeignete und wirkungsvolle Formen für die Zusammenarbeit mit den Eltern suchen.

> Stärken sollten gestärkt werden.

V

Kompetenzen der Fachkräfte stärken

Kindern responsiv und feinfühlig zu begegnen, bildet die Grundlage, um sie in ihrer sozial-emotionalen Entwicklung zu unterstützen. Damit das gelingt, sind Fachkräfte aufgefordert, die Strukturen der Kita, ihre eigene Biografie, ihre Sprache und ihr Verhalten zu reflektieren. Denn ihr wichtigstes Werkzeug ist ihre eigene Persönlichkeit.

1. Persönlichkeit als wichtigstes Werkzeug

Zu den Kernkompetenzen pädagogischer Fachkräfte zählt:

- empathisch und sensitiv auf Kinder zu reagieren,
- das eigene Interagieren auf deren Bedürfnisse abzustimmen,
- ressourcenorientiert auf die individuellen Stärken von Kindern und Familien zu blicken,
- Offenheit für und Wertschätzung von Vielfalt zu leben.

Diese Kompetenzen stellen die Basis guter pädagogischer Arbeit dar. Zugleich legen sie den Grundstein für eine wertschätzende und kindorientierte Umgebung, in der die Mädchen und Jungen ihre sozial-emotionalen Fähigkeiten ausbilden können. Im pädagogischen Alltag wird immer wieder deutlich, wie stark die eigene Biografie und der persönliche Umgang mit Emotionen in die Arbeit hineinwirken. Fachkräfte, die sich reflektieren, ihre Stärken kennen und wissen, wo persönlicher Entwicklungsbedarf besteht, können einerseits in der Kita klar und zielgerichtet handeln. Andererseits zeigen sie die Bereitschaft, in schwierigen Situationen fachliche Unterstützung einzuholen. Im Austausch mit den Kindern sind sie authentisch, in der Interaktion lebendig. Ihr Auftreten ist von Respekt und Verlässlichkeit geprägt.

■ **Praxisbeispiel:** Georg ist Erzieher in der Krippengruppe „Mäusekiste". Während die meisten Kinder um ihn herum laut toben, hält sich Milla (3;2 Jahre) an seinem Bein fest. Dann kneift sie kräftig zu. Georg wird vom Schmerz überrascht. Spontan wallt Ärger in ihm auf – am liebsten würde er Milla rabiat wegschieben und anschreien. Dieses Gefühl ist nicht neu für ihn. In seinen ersten Berufsjahren war es ein wichtiges Thema für ihn, Strategien für den Umgang mit eigenem Ärger zu finden. Mittlerweile hat er aber einen „Anti-Wut-Trick" gefunden. Auch dieses Mal hält er kurz inne, bevor er reagiert: Er atmet tief ein, langsam aus und entspannt dabei alle Muskeln. Dann wendet er sich an das Mädchen und sagt ruhig und bestimmt: „Milla, dein Kneifen tut mir weh!" Milla erwidert in leicht aggressivem Ton: „Fischbuch!" Bevor sie erneut kneifen kann, geht Georg einen Schritt zurück und langsam in die Hocke. Dann schaut er Milla an, die nun etwas unsicher wirkt. Seine Körperhaltung ist offen dem Mädchen zugewandt. Er sagt: „Mein Bein tut noch ein wenig weh. Willst du mal pusten, dann geht das weg." Milla nähert sich und pustet ganz kurz. Georg schlenkert mit dem Bein, befühlt es und zeigt, dass er wieder hergestellt ist. Dann sagt er ohne Vorwurf in der Stimme: „Milla, wenn du das Fischbuch mit mir angucken willst, können wir das jetzt machen." Georg weiß, dass es der schüchternen Milla schwerfällt, auf andere zuzugehen. Ihr Kneifen interpretiert er als dysfunktionale Strategie der Kontaktaufnahme. „Milla, nächstes Mal kannst du vorsichtig an meinem Bein anklopfen. Und wenn ich das Klopfen nicht gleich merke, dann sag einfach meinen Namen. Magst du das einmal ausprobieren?" ■

Georgs aufbrausendes Temperament und Millas Kneifstrategie treffen im Praxisbeispiel aufeinander. Da der Erzieher jedoch gelernt hat, seine Emotionen gut zu regulieren, kann er Millas Bedürfnisse wahrnehmen und die Situation in eine positive pädagogische Interaktion überleiten. Darüber hinaus vermittelt er Milla Strategien, mit denen sie ihre Bedürfnisse auf konstruktive Art und Weise ausdrücken kann. In diesem Beispiel wird auch deutlich: Um dysfunktionale Verhaltensweisen von Kindern einordnen zu können, braucht es Fachwissen. Die Kenntnis von Entwicklungsaufgaben und Umwegen, die Kinder einschlagen, wenn die Bewältigung dieser Aufgaben schwerfällt, hilft Fachkräften, sich in sie einzufühlen und professionell zu reagieren.

> Kompetente Fachkräfte sind im Austausch mit Kindern authentisch, in der Interaktion lebendig.

2. Responsivität im Kita-Alltag

Eine anregende Umwelt kann das Kind nur mit Freude erforschen, wenn es sich emotional sicher fühlt. Um Bildungsprozesse in der Kita zu ermöglichen, müssen pädagogische Fachkräfte darum den kindlichen Bedürfnissen nach emotional unterstützender Beziehung außerhalb der Familie nachkommen. Dies betrifft auch das sozial-emotionale Lernen. Pädagogische Fachkräfte sind aufgefor-

WAS BEDEUTET „SENSITIVE RESPONSIVITÄT"?

„Sensitive Responsivität" wird als die Fähigkeit verstanden, die Signale des Kindes zu bemerken und sich auf diese hin angemessen und feinfühlig zu verhalten. Sie zählt zu den Kernkompetenzen pädagogischer Fachkräfte und ist für die Qualitätsentwicklung in der Kindertagesbetreuung von besonderer Bedeutung (vgl. Gutknecht 2014).

dert, Kindern empathisch und wertschätzend gegenüberzutreten, sie in ihrer Persönlichkeit und ihrem Verhalten anzuerkennen und sie ernst zu nehmen. Sie tragen Sorge dafür, dass die Kinder ihre Bedürfnisse und Wünsche (auch negative Emotionen wie Ängste und Ärger) nonverbal und in Worten äußern können. Um entwicklungsförderliche Interaktionen zu gestalten, sollten die Reaktionen der Fachkräfte feinfühlig und responsiv ausfallen.

„Responsivität" kann mit „Antwortverhalten" übersetzt werden, häufig ist damit auch „sich auf jemanden abstimmen" gemeint. In der Pädagogik wird mit „responsiv" eine umgehende Reaktion auf das Kind bezeichnet. Professionelle Responsivität in der Fachkraft-Kind-Interaktion meint den reflexiven und kultursensitiven Einsatz intuitiv-didaktischer Verhaltensweisen. Die sich responsiv verhaltende Fachkraft spiegelt den kindlichen Emotionsausdruck, den kindlichen Körperausdruck und seine Äußerungen (vgl. Gutknecht 2014).

Sensitive Responsivität

Bereits 1910 gab die Ärztin und Pädagogin Maria Montessori in ihren „Regeln für die Erziehenden im Kinderhaus" Hinweise für einen responsiven Interaktionsstil. Montessori formulierte diese Regeln als Qualitätsgrundsätze pädagogischer Arbeit und forderte dazu auf,

- kindliche Verhaltensweisen zu beobachten,
- auf die Äußerungen des Kindes umgehend zu reagieren, wenn das Kind Unterstützung einfordert,
- zuzuhören und zu antworten, wenn das Kind die Interaktion beginnt, und
- „dem Kind nach getaner Arbeit seine Seele anzubieten", d.h. ihm gegenüber präsent und aufmerksam zu sein und ihm als sichere Basis zur Verfügung zu stehen (vgl. Montessori/Schulz-Benesch 1979).

Während Montessori ihren Ansatz aus den praktischen Erfahrungen in ihren Kinderhäusern herleitete, basieren aktuelle Konzepte mit ähnlichen Empfehlungen auf Forschungsergebnissen zu Fachkraft-Kind-Interaktionen. Ein Beispiel für einen wissenschaftlich basierten Ansatz ist das Konzept der „sensitiven Responsivität" (s. Kasten). In diesem Ansatz stehen zwei Grundvoraussetzungen im Vordergrund (vgl. Gutknecht 2014):

SIGNALE WAHRNEHMEN: AUSDRUCKSVERHALTEN DER FACHKRAFT

	Zugänglichkeit	Aufmerksamkeit
Sprache	prompte Reaktion, eigene verbale Zurückhaltung	prompte Reaktionen, Spiegeln, Nachfragen
Stimme	ruhig, freundlich	Stimmungen und Äußerungen im Tonfall aufgreifen (lauter, leiser, euphorischer reagieren)
Gesicht	Blickkontakt, auf Kinder ruhender, offener, interessierter Blick	Blickkontakt herstellen und halten, offener und interessierter Blick, Stimmungen und Äußerungen mit Blicken/Mimik aufgreifen
Körper	entspannte und offene Körperhaltung, auf Augenhöhe gehen	auf Augenhöhe, Stimmungen und Äußerungen mit der Körperhaltung aufgreifen (sich aufrichten bei steigender Aufregung des Kindes)

Quelle: Hörmann 2014, S. 9

- die Fähigkeit der Fachkraft, die Signale des Kindes wahrzunehmen und zu verstehen,
- die Fähigkeit der Fachkraft, sich auf die Signale des Kindes hin angemessen, d.h. prompt und adäquat zu verhalten.

Einzelne Aspekte dieser Fähigkeiten werden über die Sprache, den Stimmklang, die Mimik und die Körpersprache ausgedrückt (vgl. Ahnert 2014; Remsperger 2011). Eine wichtige Grundvoraussetzung, um kindliche Signale wahrzunehmen und zu verstehen, ist die eigene Zugänglichkeit. Das heißt, Interesse, Zeit, Ruhe, Muße zu haben und diese auszustrahlen, sich offen und abwartend zu verhalten, sich nicht aufzudrängen, dem Kind die Initiative zu überlassen, es auf sich zukommen zu lassen.

Die zweite Grundvoraussetzung betrifft die eigene Aufmerksamkeit. Der Fachkraft kommt die Aufgabe zu, sich in ruhigem Zuhören zu üben, das Kind nicht zu unterbrechen und aufmerksam den Aussagen und Signalen zu folgen, in denen es seine Interessen, Bedürfnisse, Motivationen äußert (s. Tabelle S. 34).

Um angemessen und feinfühlig zu reagieren, braucht es eine prompte Reaktion auf das Kind sowie die richtige Interpretation des kindlichen Verhaltens. Um schnell und zugleich angemessen zu reagieren, können vier Kriterien beschrieben werden:

- eine generelle Haltung, die von Akzeptanz und Wertschätzung, von Interesse sowie von Respekt vor der Autonomie des Kindes durchdrungen sein sollte,
- eigenes Involvement (beteiligt sein, sich einlassen),
- Stimulation, d.h., pädagogische Aktivitäten und alltägliche Interaktion lustvoll und motivierend anzubieten,
- emotionales Klima.

Besonders der letzte Punkt ist zentral (s. Tabelle unten). Ein positives emotionales Klima entsteht, wenn die pädagogische Fachkraft zum einen Freude in der gemeinsamen Interaktion zeigt und zum anderen kindliche Emotionen aufgreift und entsprechend reagiert. Ihr Emotionsausdruck bewegt sich dabei zwischen der direkten Widerspiegelung des kindlichen Gefühlsausdrucks (z.B. bei Freude) und modulierenden Reaktionen, die dem Kind helfen, seine Gefühle zu regulieren (z.B. eine besänftigende Stimme, wenn das Kind Angst zeigt).

Praxisbeispiel: Frau H. ist heute mit ihrem Baby zu Besuch in der Gruppe der Vorschulkinder. Das Baby liegt auf einer Decke. Acht Kinder sitzen im Kreis und beobachten gespannt, was passiert. Währenddessen liegt das Baby mit entspanntem Gesichtsausdruck auf dem Rücken und lässt den Blick wandern. Frau H. erklärt: „Wenn meine Tochter gut ausgeschlafen und satt ist, dann schaut sie sich gerne um und möchte spielen."

> Die Signale des Kindes wahrzunehmen und auf sie angemessen zu reagieren, zeichnet responsiv interagierende Fachkräfte aus.

EMOTIONALES KLIMA SCHAFFEN: AUSDRUCKSVERHALTEN DER FACHKRAFT

Sprache	Emotionen/Bedürfnisse/Signale prompt aufgreifen und wertschätzend spiegeln, Anstrengungen loben, respektvolle Sprache, eigene Emotionen ansprechen, keine verbalen Zurückweisungen/ Bloßstellungen, kein „automatisches" Loben, keine Ironie, kein Sarkasmus, kein Sprechen mit anderen über das Kind, als ob es nicht da wäre, keine Bestrafungen ohne Erklärung, keine geringschätzenden, feindseligen Antworten
Stimme	emotional warm, freundlich, liebevoll, den kindlichen Emotionen/Verhaltensweisen angepasst
Gesicht	Blickkontakt herstellen und halten, sehr aufmerksamer Blick, an die Emotionen, Äußerungen und Handlungen des Kindes angepasster Blick, Zeigen eigener Emotionen mit entsprechender Mimik, keine abfälligen Gesichtsausdrücke oder abschweifendes Weg- oder Herumschauen
Körper	Augenhöhe, deutlich zugewandte und sehr interessierte Körperhaltung, Zulassen von Körperkontakten, keine angespannte, steife oder teilnahmslose (abgewandt sitzen) Körperhaltung

Quelle: Hörmann 2014, S. 13

Moritz holt einen kleinen, weichen Ball: „Darf ich ihr den geben?" Frau H. nickt: „Am besten ganz langsam, dann kriegt sie keinen Schreck." Das Baby greift nach dem Stoffball, drückt und dreht ihn, bis er aus der Hand rutscht. Moritz reicht den Ball mit sehr sanfter Geste zurück. So geht es einige Male hin und her. Als der Ball erneut wegrollt, will ihn Mira übergeben. Sie ist sehr umsichtig, lächelt das Baby freundlich an und sagt einfühlsam: „Hier für dich, liebes Baby!" Doch Frau H.s kleine Tochter dreht den Kopf weg und verzieht das Gesicht. „Oh", meint Mira enttäuscht und den Tränen nah, „sie mag mich nicht!" Frau H. schaut Mira aufmunternd an. „Ich glaube, meine Tochter ist jetzt einfach müde. Kleine Babys können noch nicht so lange spielen wie ihr." ■

Die älteren Kita-Kinder haben Spaß daran, sensitiv auf ein Baby zu regieren. Frau H. kennt ihre Tochter und kann Miras Fehlinterpretation korrigieren. Sie vermittelt ihr, dass das Abwenden des Babys keine Antipathie ausdrückt. Vielmehr zeigt das Baby damit seine Überforderung und Müdigkeit.

■ **Fortsetzung Praxisbeispiel:** Am Nachmittag spielen die Kinder in der Puppenecke. Mira ist das „Baby". Sie lässt sich eine Rassel anreichen und winkt mit ihr. Dann guckt sie demonstrativ vom Spielzeug weg, lässt es fallen, rollt sich auf der Matratze zusammen und artikuliert: „Baby müde!" Die Erkenntnisse des Babybesuchs finden im Rollenspiel Einzug. ■

3. Feinfühlige Sprache

Ein feinfühliger Einsatz von Sprache trägt dazu bei, dass Kinder sich geborgen fühlen. Darüber hinaus unterstützt ein emotionsbetonter und differenzierter sprachlicher Ausdruck die Entwicklung des Emotionsverständnisses und den Ausdruck von Emotionen. Wie Sprache eingesetzt wird, berührt auch die Frage der Macht, wie sich bei eindeutig abwertenden oder ablehnenden Bemerkungen zeigt. Mit Sprache können Machtbotschaften jedoch auch auf subtile Weise vermittelt werden. Beispielsweise, wenn Formulierungen eingesetzt werden, die im ersten Moment freundlich und einladend klingen, aber letztendlich eine nicht-partizipative Haltung transportieren. Ein typisches Beispiel dafür ist das inklusiv klingende „wir", wenn eigentlich Aufforderungen an die Kinder gemeint sind.

■ **Praxisbeispiel:** „Wir wollen gleich essen!", ruft Brigitte in den Raum, während die Kinder sich in einer Freispielphase befinden. Dann lässt sie ein fröhliches „Wir wollen aufräumen!" folgen. Mehrere Kinder schauen sie an, einige zögern kurz und spielen dann weiter, andere reagieren gar nicht. Brigitte ruft noch einmal: „Wir wollen aufräumen!" Sie beginnt, Spielzeuge in eine Kiste zu legen. Nur zwei Kinder – dieselben, die an den vorangegangenen Tagen auch schon mitgeholfen haben – tun es ihr nach. Brigitte fühlt, wie ihre Unzufriedenheit wächst. „Meike, Roger, Schluss mit Bauernhof, die Freispielzeit ist vorbei! Habt ihr nicht zugehört? Wir räumen jetzt auf!" Ihre Stimme klingt schärfer, als ihr lieb ist. Meike schaut etwas schuldbewusst. Roger wendet sich ab und lässt sein Pferdchen springen. Brigitte ist frustriert, da die Kinder nur langsam reagieren. „Kein Wunder, dass nichts vorangeht, wenn die zu Hause auch nie aufräumen müssen", denkt sie. ■

Während die Kinder ein „wir" in der Ansprache durch ihre Erzieherin hören, erleben sie in Wirklichkeit: „Ihr sollt!" Das falsche Personalpronomen transportiert eine versteckte Machtbotschaft. Die Erzieherin im Praxisbeispiel möchte, dass alle Kinder mit dem Spielen aufhören und sofort anfangen aufzuräumen. Besser erreicht die Botschaft die Kinder, wenn die Tatsachen benannt und ihre Aufforderungen klar formuliert werden: „Es riecht nach Nudeln, das Essen ist fertig. Bitte deckt den Tisch."

Um Selbstwirksamkeitserfahrungen zu ermöglichen, das Selbstwertgefühl der Kinder und den Gruppenzusammenhalt zu stärken, sollten Fachkräfte auch darauf achten, die Kinder mit einzubeziehen. Statt eines „Wir wollen aufräumen!" profitieren Kinder davon, wenn die Fachkraft darauf hinweist, dass Platz gebraucht wird für das Geschirr und das Tablett mit dem Essen. Sprache, die die sozial-emotionale Entwicklung fördern will, sollte also nicht nur klar und eindeutig sein, sondern auch Kinder offen zum Mittun ermächtigen. Unterschwellig die eigene Machtposition zu demonstrieren, steht dem entgegen.

> Die Sprache in der Kita sollte nicht nur klar und eindeutig sein, sondern auch Kinder zum Mittun ermächtigen.

■ **Praxisbeispiel:** Vier 2-jährige Kinder haben in der Krippengruppe „Löwenzahn" aus Holzhockern eine Kletterstrecke gebaut und steigen nacheinander von Sitz zu Sitz. Eine anspruchsvolle Aufgabe, die jedes Kind auf seine Art bewältigt. Elias ist schneller, aber auch unsicherer beim Klettern als Jonas, der vor ihm balanciert. Er kommt Jonas sehr nah und drückt seine Schulter gegen dessen Rücken. Jonas reagiert verärgert, wendet sich um und hebt den Arm, um Elias wegzuschubsen. Anne, ihre Erzieherin, hat die Situation beobachtet. Sie wendet sich an den ersten Jungen: „Jonas, es ist gerade ganz eng bei euch. Elias will dich nicht stören." Jonas ist anzusehen, dass er die Drängelei weiterhin nicht gut findet, lässt seinen Arm jedoch sinken und klettert konzentriert weiter. Elias stabilisiert sich, indem er sich etwas an Anne abstützt, die ihre Hand zur Unterstützung anbietet. Dann steigt auch er auf den nächsten Hocker. ■

Die Erzieherin hat den beiden Jungen mit ihrer feinfühligen und klaren Sprache geholfen, eine Konfliktsituation zu entschärfen. Die Störung wird mithilfe direkter, prägnanter und verständlicher Formulierungen aufgeklärt und bewältigt. Der Fachkraft gelingt es so, die Selbst- und Fremdwahrnehmung der Kinder zu unterstützen. Da das engagierte Klettern nicht unterbrochen wird, bleibt die Irritation gering.

4. Selbstreflexion im Team

Feinfühlig und responsiv reagieren zu können, gehört zu den genetisch angelegten Reaktionsmustern, der „intuitiven Didaktik" (s. Kapitel III.1). Professionell responsives Handeln beinhaltet aber auch, das eigene Bauchgefühl kritisch zu prüfen und eigene Fähigkeiten aus- sowie ggf. dysfunktionale Reaktionsweisen abzubauen. Einstellungen und Handeln zu reflektieren, um als pädagogische Fachkraft das Werkzeug der eigenen Persönlichkeit immer besser kennenzulernen und einsetzen zu können, ist darum eine Grundlage für gute Fachlichkeit.

Für die Selbstreflexion und die Weiterentwicklung eigener Fähigkeiten im Kontext der Krippe und Kita stehen spezielle Methoden zur Verfügung. Beispielsweise können durch die Video-Interaktions-Analyse zur Qualifizierung in Kinderkrippen (VIAQiKi) verbesserte Interaktionsmuster angestoßen werden. Auf der Grundlage von Selbstreflexion stärkt diese Methodik vor allem die Feinfühligkeit der Fachkräfte. VIAQiKi kann sowohl genutzt werden, um bestehenden Schwierigkeiten in der Interaktion zu begegnen, als auch, um neue Fachkräfte, Auszubildende oder Praktikant*innen durch feinfühlige Beispiele und Modelle praktisch in die Tätigkeit mit jüngeren Kindern einzuarbeiten (vgl. Müller 2014). Eine andere videogestützte Möglichkeit, Interaktionen auszuwerten und die eigenen Kompetenzen weiterzuentwickeln, bietet der Ansatz nach Marte Meo (vgl. ausführlich Gizycki 2018).

Hinterfragen von Strukturen

Ein weiterer Aspekt fachlicher Weiterentwicklung besteht darin, starre Strukturen, Werte und Haltungen der Kita zu hinterfragen. Nicht selten prallen dabei Theorie und Praxis aufeinander. Beispielsweise stehen bei der Neuaufnahme von Kindern wissenschaftlich fundierte und anerkannte Eingewöhnungsmodelle zur Verfügung, die auf Erkenntnissen der Bindungstheorie basieren. Aber passt das gewählte Modell der Kita zur Lebensrealität der Familien und profitieren alle Kinder im gleichen Maß von der Vorgehensweise? Dies ist z. B. nicht der Fall, wenn ein Kind in der Eingewöhnungszeit häufig von wechselnden älteren Geschwistern aus der Kita abgeholt wird. Die Aufgabenverteilung in der Familie entspricht hier nicht dem bindungstheoretischen Ideal einer Hauptbezugsperson, die diese Aufgabe übernehmen sollte. Beharren die pädagogischen Fachkräfte auf dem bestehenden Eingewöhnungsansatz, werten sie zugleich die Qualität der familiären Beziehungsmuster ab. Das kann zu einer Verschlechterung der Zusammenarbeit führen, da die Eltern sich nicht mehr als gleichwertig behandelt wahrnehmen. Nur wenn Fachkräfte die erlebte Diskrepanz zwischen etablierten Handlungsansätzen und deren Umsetzung in der Praxis reflektieren, können sie auch, falls notwendig, Veränderungen einleiten.

> Pädagogisches Basiswissen wird in der Praxis immer wieder überprüft.

■ **Praxisbeispiel:** Marlon ist seit drei Jahren Erzieher in einer Krippengruppe, in der das Berliner Eingewöhnungsmodell genutzt wird. Er hat sich bereits viel mit Fragen von Bindung beschäftigt. Dabei ist ihm aufgefallen, dass es im Team bisher keinen Austausch zu Bindungsstilen gab, bei denen Unterschiede zwischen Mädchen und Jungen angesprochen wurden. Im Teamgespräch bringt er das Thema ein. Berit hat sich unabhängig von Marlon bereits Gedanken gemacht und äußert: „Manchmal habe ich den Eindruck, dass die Mädchen alle bindungssicher wirken und die Jungs eher ihr Ding machen wollen, sich nicht trösten lassen, selbst klarkommen wollen. Also, dass die Jungs eher einen vermeidenden Bindungsstil haben." Marlon antwortet: „Ich finde das interessant, dass du schon eine Wahrnehmung in diese Richtung hast! Ich denke zwar, dass wir mit Interpretationen vorsichtig sein sollten, aber würde das gern weiterverfolgen." Letztendlich finden alle im Team das Thema spannend. Marlon bietet an, nach Fachliteratur zu suchen. Beim nächsten Teamgespräch soll überlegt werden, wie im Alltag ein Beobachtungsfokus auf Bindungsverhalten von Jungen und Mädchen gesetzt werden kann. Das Team macht sich auf den Weg, Eingewöhnungsprozesse nicht mehr geschlechterneutral wahrzunehmen. ■

VI

Förderung im Kita-Alltag

Wie gehen Fachkräfte mit Konflikten um? Wie können sie Übergänge sinnvoll gestalten? Von Beobachtungsverfahren über die Tages- und Raumgestaltung bis zur Zusammenarbeit mit Eltern hat das Kita-Team zahlreiche Gestaltungsspielräume, um die Gruppe – aber besonders jedes einzelne Kind – in der sozial-emotionalen Entwicklung zu fördern.

1. Partizipation

Kinder profitieren in ihrer gesamten Entwicklung davon, wenn sie in der Gemeinschaft frühzeitig Aufgaben übernehmen und mitbestimmen. Denn „eine aktive, kompetente Entwicklungsbegleitung von Kindern im Kindergarten gestaltet sich als eine Pädagogik mit Kindern und nicht für Kinder“ (Krenz 2010, S. 20). Partizipation im Alltag führt zu einer inneren Beteiligung, zu Motivation und Lernbereitschaft. Sie hat darum eine Schlüsselfunktion für gelingende Bildungsprozesse und betrifft auch ganz direkt die Entwicklung sozial-emotionaler Kompetenzen.

Ob Raumnutzung und -gestaltung, Materialanschaffungen, Tagesstrukturen, gemeinsame Aktivitäten (Projekte, Feiern, Spiele) oder Regeln des Zusammenlebens: Es gibt eine Vielzahl von Möglichkeiten, Kinder im Kita-Alltag zu beteiligen und somit die Entwicklung eigenständiger und sozial kompetenter Persönlichkeiten zu fördern. Fachkräfte haben dabei die Aufgabe, herauszufinden, welche – im positiven Sinn – herausfordernden Impulse sie geben können, um die von Wygotski beschriebene Zone der nächstmöglichen Entwicklung zu erreichen. Dabei die individuellen Entwicklungsprozesse sowie die Gruppendynamik wahrzunehmen, bildet die Grundlage für eine altersentsprechende Beteiligung der Kinder (vgl. Fröhlich-Gildhoff/Mischo/Castello 2016).

2. Beobachtung und Dokumentation

Nur Bildungsangebote, die auf die persönlichen Interessen, Bedürfnisse und Wünsche der Kinder abgestimmt sind, wirken entwicklungsfördernd. Die pädagogische Beobachtung dient deshalb als Grundhaltung, um Mädchen und Jungen in Krippen und Kitas individuell fördern zu können. In der Praxis stehen mehrere anerkannte Verfahren und Bildungskonzepte zur systematischen Beobachtung unterschiedlicher Aspekte kindlicher Entwicklungs- und Bildungsprozesse zur Verfügung, u.a. das Infans-Konzept, die Bildungs- und Lerngeschichten, der Early-Excellence-Ansatz und die Leuvener Engagiertheitsskala (vgl. ausführlich Viernickel/Völkel 2017). Skalen und Entwicklungstabellen, z.B. nach Beller & Beller (vgl. Beller 2020), sowie die von Fachkräften durchführbare Entwicklungsdiagnostik MONDEY für Kinder in den ersten 3 Lebensjahren (vgl. Pauen/Ganser 2010) zielen darauf ab, Kompetenzprofile abzubilden. Alle Verfahren ermöglichen es auch – mit Blick auf die einzelnen Entwicklungsbereiche – den emotionalen Status der Kinder, deren Umgang mit Emotionen, ihre Stärken und Ressourcen sowie Entwicklungsbedarfe wahrzunehmen. Auf dieser Basis kann das Kita-Team Impulse für pädagogische Angebote und eine individuelle Entwicklungsbegleitung im Bereich der sozial-emotionalen Entwicklung erarbeiten.

■ **Praxisbeispiel:** Betül leitet eine altersgemischte Gruppe. Bis vor Kurzem war sie sehr unzufrieden mit den bestehenden Strukturen. Sie hatte immer wieder das Gefühl, den jüngeren Kindern nicht gerecht werden zu können. Diese wirkten oft überfordert und fanden keine entwicklungsgerechte Beschäftigung. Auch ihre Kolleg*innen empfanden die Situation ähnlich. Deshalb hat das Team in den letzten Monaten mithilfe der Fachberatung ein gemeinsames Konzept für die Jüngeren entwickelt. Seitdem verwendet Betül ab dem ersten Tag eines Kindes viel Sorgfalt darauf, zu erkennen, welche Unterstützung, aber auch welche Freiräume es im Alltag benötigt. Dazu notiert sie sich etwa, wo die Mädchen und Jungen Ruhe finden und welche Kommunikationskanäle sie bevorzugen. Betül hat beispielsweise herausgefunden, dass Ruben es gut findet, wenn ein anderes Kind zum Wickeln mitkommt. Tom andererseits genießt Momente, in denen Betül sich ihm ganz exklusiv widmen kann. Er entspannt sich, wenn das Wickeln einem gemeinsamen Rhythmus mit sich wiederholenden Ritualen folgt. Die Kindheitspädagogin nimmt wahr, dass die jüngeren Kinder inzwischen besser ihren Platz in der Gruppe finden. Sie kann nun zielgerichteter auf sie eingehen. ■

> Werden Kinder in die Gestaltung des Alltags einbezogen, sind sie innerlich beteiligt und motiviert, Neues zu lernen.

Der Beobachtungsbogen „Positive Entwicklung und Resilienz im Kindergartenalltag“ (perik) legt den Hauptfokus auf die seelische Entwicklung des Kindes. Das Instrument ermöglicht eine gezielte Beobachtung des emotionalen und sozialen Entwicklungsstands von Kindern ab 3;6 Jahren bis zum Schulübergang. Über Beobachtungsskalen für die sechs Entwicklungsbereiche Kontaktfähigkeit, Selbststeuerung/Rücksichtnahme, Selbstbehauptung, Stressregulierung, Aufgabenori-

EMOTIONEN UND DEREN HANDLUNGSREGULIERENDE FUNKTIONEN

Emotion	Alter	Anlass	Handlungsbereitschaft	Appell an die Bezugsperson
Ekel	ab 0 Monaten	Wahrnehmung von Ungenießbarem	Ich möchte das nicht essen (anfassen, sehen, riechen).	Nimm das weg.
Freude	ab 2 Monaten	Vertraulichkeit, genussvolle Situation	Davon möchte ich mehr.	Lass das andauern.
Frustration	ab 4 Monaten	Wahrnehmung der eingeschränkten eigenen Wirksamkeit	Das soll so werden, wie ich es wollte.	Hilf mir, mein Ziel zu erreichen.
Ärger	ab 7 Monaten	Verhinderung des Erreichens eigener Ziele durch andere	Ich will beseitigen, was meinem Ziel im Weg steht.	Stell dich nicht in den Weg.
Traurigkeit	ab 9 Monaten	Verlust eines wertvollen Objekts	Ich habe einen Verlust erlitten und kann momentan nichts tun.	Tröste mich.
Furcht	ab 9 Monaten	Wahrnehmung von Gefahr	Ich bin zur Flucht bereit.	Tu mir nichts Böses bzw. beseitige die Gefahr.
Überraschung	ab 9 Monaten	Unerwartetes geschieht	Ich möchte mich orientieren, brauche mehr Information.	Gib mir mehr Information. Sieh, ich bin nicht verantwortlich.
Verlegenheit	ab 18 Monaten	Wahrnehmung, dass die eigene Person Gegenstand intensiver Begutachtung ist	Ich will nicht mehr in der Beobachtung stehen. Ich brauche Schutz.	Beobachte mich nicht länger. Hilf, dass andere mich nicht länger beobachten.
Stolz	ab 24 Monaten	Wahrnehmung eigener Tüchtigkeit bezogen auf den Wertmaßstab anderer	Ich fühle mich groß und zugehörig, das soll andauern.	Erkenne meine Größe an. Bewundere mich.
Scham	ab 30 Monaten	Wahrnehmung eigener Unzulänglichkeit bezogen auf den Wertmaßstab anderer	Ich will die Situation verlassen.	Erkenne an, dass ich mich unterwerfe, aber schließe mich nicht aus der Gemeinschaft aus.
Schuld	ab 36 Monaten	Erkenntnis, falsch gehandelt zu haben, und das Gefühl, nicht entkommen zu können	Ich möchte es wiedergutmachen.	Du siehst, dass es mir leidtut, greife mich nicht an. Lass es mich wiedergutmachen.

Quelle: angelehnt an Holodynski/Oerter 2018, S. 521

entierung und Explorationsfreude kann der individuelle Entwicklungsstand eines Kindes differenziert wahrgenommen werden. Bei der Auswertung von „perik“ werden pädagogische Fachkräfte dazu angeregt, ihre eigenen Wahrnehmungen und Erwartungen zu reflektieren und sich auf das Kind einzustellen. Darüber hinaus werden konkrete Ideen zur Förderung in den beobachteten Entwicklungsbereichen abgeleitet (vgl. Mayr/Ulich 2009).

Aufmerksame Wahrnehmung im Alltag

Im pädagogischen Alltag verbessert eine differenzierte Wahrnehmung kindlicher Verhaltensweisen die Fähigkeiten der Fachkräfte, adäquat und entwicklungsförderlich zu reagieren. Aufmerksame Wahrnehmung ermöglicht es zu verstehen, welche Motivation des Kindes hinter einer Emotionsäußerung liegt. Der Emotionsausdruck des Kindes beinhaltet in vielen Fällen auch einen Appell an die Bezugsperson (s. Tabelle). Wird dieser erkannt, können pädagogische Fachkräfte die emotionale Entwicklung wirkungsvoll unterstützen und begleiten.

Beispielsweise kann ein junges Kind, das in der Kita seine Eltern vermisst, durch Körperkontakt oder ein leise gesungenes Lied getröstet werden. Ein anderes, älteres Kind wird sich bereits getröstet fühlen, wenn ihm rückgemeldet wird, dass seine Traurigkeit wahrgenommen wird. Und ein drittes Kind braucht vielleicht einen Hinweis darauf, dass seine Eltern es gleich nach dem Mittagessen abholen, um wieder Mut zu schöpfen. Ein reflektiertes Basiswissen über die Motive, die mit einzelnen Emotionen verbunden sind, schafft dabei eine wichtige Orientierung für die Interaktion im Alltag.

■ **Praxisbeispiel:** Viktor (2;9 Jahre) stellt sich mit rotem Gesicht und ausgestreckten Armen vor Karin, seine Bezugserzieherin. Dann versucht er mit aller Kraft, sie mit beiden Händen von sich wegzuschieben. Er drängt und drückt und guckt sauer. Karin ist verwundert. Was ist denn heute los? Warum ist Viktor so verärgert? Der Junge schiebt weiter, nun fängt er sogar an zu treten und gerät zunehmend außer sich. Auf Karins Nachfrage reagiert er nicht. Da entdeckt die Erzieherin den Grund des Ärgers: Sie steht auf einer Kreidelinie, die der Junge mit Straßenkreide quer durch den Raum gemalt hat. „Viktor, entschuldige, ich stehe ja wie ein Berg auf deiner Linie“, ruft sie aus. Viktor hält inne, Karin macht einen großen Schritt von der Linie weg. Viktor nimmt die Kreide und macht sich daran, die Linie auszubessern und weiterzuziehen. ■

Viktor hat sich eine Aufgabe gestellt, die er mit hohem Engagement verfolgt. Er braucht all seine Fähigkeiten in den Bereichen Wahrnehmung, Kognition, Groß- und Feinmotorik, um sein ambitioniertes Werk umzusetzen. Als die pädagogische Fachkraft aus Versehen zur Barrikade wird und seine Arbeit jäh unterbricht, erschüttert und ärgert ihn das. Er weiß nicht, wie er das massive Problem, den „Berg“, beseitigen kann. Ihn wegzuschieben, gelingt nicht. Der Junge ist noch nicht alt genug, um seine Position erklären zu können. Die Ansprache von Karin frustriert ihn zusätzlich, da er sich von seiner Bezugsperson Unterstützung wünscht. Nun will sie auch noch mit ihm reden, obwohl sie einfach nur weggehen müsste! Die Erzieherin erfasst die Situation und reagiert feinfühlig. Sie besteht nicht darauf, mit Viktor ein klärendes Gespräch zu führen. Ihr Zurücktreten stellt kein Nachgeben dar, denn sie hat realisiert, dass sie selbst Verursacherin einer Störung und des Ärgers war.

> Der Emotionsausdruck des Kindes beinhaltet oft auch einen Appell an die Bezugsperson.

3. Raumgestaltung

Raumgestaltung und Bildungsprozesse gehören untrennbar zusammen. Räume können Kindern Gelegenheit geben, kognitive und sozial-emotionale Erfahrungen zu sammeln sowie Autonomie, Selbstwirksamkeit und Partizipation zu erleben. Dies gelingt, wenn das Raumkonzept der Kita, die Ausstattung und die zur Verfügung stehenden Materialien dem Bedarf der Kinder entsprechen. „Für das Kind geht es um die Eroberung des Raumes – mit Kopf, Hand und Fuß. Jedes Kind soll sich in Kitaräumen und Funktionsbereichen, im Gebäude wie im Außengelände, kompetent, eigenständig und selbstwirksam erleben können, denn das ist wichtig für einen Konstrukteur seiner eigenen Entwicklung“ (Haug-Schnabel 2016, S. 3).

Pädagogische Konzepte, in denen Empfehlungen zu Raumgestaltung und Materialangebot in direkten Bezug zur Persönlichkeitsentwicklung der Kinder gesetzt werden, gibt es einige. Zu ihnen zählen der Ansatz nach Montessori (Stichwort „vorbereitete Umgebung“ sowie ausgearbeitete didaktische Materialien), die Waldorfpädagogik (mit Anleitungen zu spezieller Farbgestaltung und der Einrichtung entsprechend den Entwicklungsstufen), die Reggio-Pädagogik („Raum als dritter Erzieher“) sowie der Ansatz nach Emmi Pikler (spezielle Bewegungselemente sowie einfache Spielmaterialien für Kinder unter 3 Jahren). Um das Potenzial von Kita-Räumen zu erschließen, können Teams diese auf ihre Eignung als sozial-emotionale Bildungsorte hin überprüfen. Nach der Beobachtung im Alltag wird über den Austausch im Team klar, ob die Gestaltung einzelner Räume und Bereiche

- die Selbstwahrnehmung der Kinder fördert, beispielsweise durch Spiegel und Verkleidungsmaterial sowie Elemente, die differenzierte und vielfältige Sinneswahrnehmungen ermöglichen,
- die Kommunikation der Kinder untereinander und mit den Fachkräften anregt, z. B. während der Mahlzeiten oder in Bücherecken,

- soziales Handeln ermöglicht, z. B. im Rollenspielbereich,
- dazu einlädt, Dinge auszuprobieren sowie kreativ zu werden,
- es ermöglicht, sich zurückzuziehen,
- genügend Materialien zur Verfügung stellt, die für die einzelnen Altersstufen spannend und interessant sind,
- für die Kinder frei zugängliche Spiele und Medien beinhaltet, die den Ausdruck von Gefühlen und den Umgang mit Emotionen thematisieren.

Damit ein Raum jedem Kind gerecht wird, müssen sich Fachkräfte damit auseinandersetzen, worauf die Mädchen und Jungen gerade „Antworten finden möchten, und sie denken darüber nach, wie anregungsreiche Umgebungen zeitnah vorbereitet werden können, damit es hier Neues zu denken gibt" (Haug-Schnabel 2016). Pädagogische Fachkräfte sollten also reflektieren, wie die Kita-Räume wahrgenommen und genutzt werden. Durch eine gezielte Beobachtung des Verhaltens der Kinder sowie der eigenen Aktivitäten in den Räumen und Funktionsbereichen stellen sie fest, wo Verbesserungsbedarf besteht. Das Team profitiert dabei von folgenden Reflexionsfragen:

> An welchen Orten können Kinder „auftanken"?

- Inwieweit nutzen wir selbst vorbildhaft Räume, z. B. indem wir in der Bücherecke zur Kommunikation anregen oder im Snoezelenraum Entspannung vorleben?
- An welchen Orten fühlen sich die Kinder besonders wohl und können „auftanken"?
- Ermöglichen die Sichtachsen in den Räumen insbesondere den jüngeren Kindern, ihren Blick ungehindert auf ihre Bezugsfachkräfte zu lenken?
- In welchen Bereichen herrscht häufig eine besonders positive Stimmung, in denen Kinder konstruktiv kommunizieren und sozial handeln?
- Gibt es Bereiche, in denen es häufig zu Stress und Problemen kommt („Knallstellen"), z. B. enge, anregungsreduzierte „Wartebereiche"?
- Haben die morgens wachen und tatendurstigen Kinder genügend Platz, aktiv zu sein, im Garten zu spielen oder einen Bewegungsraum zu nutzen?
- Wo fehlen Raum oder anregende Materialien insbesondere für jüngere Kinder? Wo beginnen sie aus diesem Grund, sozial übergriffig zu handeln?
- Wo wirken Raumgestaltung und Materialangebot auf Kinder verwirrend oder überstimulierend? Wo löst ein Übermaß an Reizen häufig aggressives Verhalten aus?

Gemeinsam mit den Kindern wird im Anschluss überlegt, welcher Schritte und Maßnahmen es bedarf, um die Anregung und Förderung der sozial-emotionalen Bildung in Innen- und Außenräumen zu verbessern. Ideen können gemeinsam ausprobiert werden und erfolgreiche Änderungen in das Konzept einfließen.

■ **Praxisbeispiel:** Gosia nimmt an einer Fortbildung zum Thema „Räume für Kinder" teil. Dort bekommt sie wie jede*r andere Teilnehmer*in bunte Holzbausteine überreicht mit der Aufgabe: „Baut eure Lieblingskita!" Alle sind mit Eifer bei der Sache. Gosia legt mit einer weiteren Teilnehmerin sogar noch einen Gemeinschaftsgarten an und tauscht sich mit ihr über Urban Gardening aus. Plötzlich ruft die Referentin, dass alle die Bausteine schnell wegräumen sollten, um mit dem Theorie-Input fortzufahren. Gosia ist frustriert. Sie hätte gern noch weitergebaut oder ihr Kunstwerk zumindest in Ruhe mit dem Handy fotografiert. Auch andere protestieren. Doch dafür ist keine Zeit. Die Referentin fängt bereits entnervt an, die ersten Bausteine wegzuräumen, und zeigt auf die leeren Kästen, damit alle mitmachen. In der Gruppe macht sich immer deutlicher Unmut breit. Doch ehe die Situation eskaliert, fängt ein Teilnehmer an zu lachen: „Okay, verstanden! Es ging gar nicht um unser Bauwerk, sondern um unseren Umgang mit den Werken der Kinder. Ich habe gemerkt, wir frustrierend es ist, wenn ich unterbrechen muss und einfach alles zerstört wird!" Auch Gosia hat diese Übung die Augen geöffnet. Sie schlägt nach der Fortbildung ihren Kolleg*innen vor, dass Bauwerke der Kinder ab jetzt eine gewisse Zeit stehen bleiben können. Im Team diskutieren sie, wie sich das im Kita-Alltag umsetzen lässt. ■

4. Zusammenarbeit mit Eltern

Eltern für die Bedeutung der sozial-emotionalen Entwicklung zu sensibilisieren, Informationen zur kindlichen Entwicklung zu vermitteln und Familien im Rahmen der Zusammenarbeit zu beraten sollten Bestandteile der Elternarbeit sein. Aber auch die Vermittlung von Spiel- und Gesprächsideen kann die elterliche Erziehungskompetenz stärken. Nicht zuletzt wirken das emotionale Klima und der gelebte Umgang mit Emotionen im Kita-Alltag in die Familien hinein.

Vertrauen aufbauen

Mit der Neuaufnahme eines Kindes und seinem Start in der Kita beginnt die Zusammenarbeit zwischen Fachkräften und Eltern. In den ersten Wochen steht im Vordergrund, dass das Kind Vertrauen zu den betreuenden pädagogischen Fachkräften entwickelt und der Aufbau verlässlicher Bindungen angebahnt wird. Der Eintritt in die bisher unbekannte Lebenswelt Kita und der Aufbau neuer Beziehungen bedeutet für das Kind eine große emotionale Herausforderung. Wird die Kommunikation zwischen den pädagogischen Fachkräften und den Familien transparent und wertschätzend gestaltet, fühlen sich Eltern eingeladen, Fragen und Sorgen zu äußern. Haben sie den Eindruck, dass sie und ihr Kind ge-

Die Gespräche zwischen Eltern und Fachkraft sind gerade zu Beginn zum Vertrauensaufbau unerlässlich

sehen werden, trägt dies zum Gelingen des Übergangs bei. Durch die gegenseitige Wertschätzung der vertrauten und neuen Bezugspersonen erleben Kinder den Beginn der aufregenden Lebensphase als gestaltet und fühlen sich sicher. Wenn das Kind emotionale Sicherheit in der Kita und bei den pädagogischen Fachkräften gefunden hat, können die vielfältigen Anregungen des Kita-Alltags sein Erleben bereichern. Dabei können zahlreiche Möglichkeiten sozial-emotionalen Lernens über den Tag aufgegriffen werden.

Geeignete Kommunikationswege nutzen

Finden Eltern in der Kita eine Vielfalt an Informationen zur sozial-emotionalen Entwicklung und Förderung, erleben sie, dass dieser Entwicklungsbereich für das Team eine Schlüsselrolle einnimmt. Dabei sollten Fachkräfte die Informationskanäle so niedrigschwellig wie möglich anlegen. Auch bei Eltern, die keinen spontanen Zugang zur Thematik finden – weil sie diese beispielsweise aufgrund persönlicher Erfahrungen als belastet wahrnehmen oder den Bildungsauftrag von Kitas eher in sprachlich-kognitiver Schulvorbereitung sehen –, kann so Interesse geweckt werden. Diversität spielt ebenfalls eine Rolle. Je vielfältiger die Elternschaft ist, desto genauer sollten Informationskanäle angepasst werden, um möglichst viele Familien zu erreichen und einzubeziehen. Informationen können u.a. über

- Faltblätter (z.B. als Kurzfassung des Konzepts mit Informationen zur sozial-emotionalen Entwicklung, ggf. auch mehrsprachig),
- Informationswände oder Themenordner (u.a. mit Netzwerkkarten, Kontakten zu medizinischen Diensten und Angeboten der Familienbildung),
- thematische Elternbriefe,
- Slogans (kurze, einprägsame Sätze), dargestellt als Cartoon oder als „Info-Link der Woche“.

zur Verfügung gestellt werden. Alternativ eignen sich Plakate auf Kita-Türen, Handzettel, Newsletter (digital oder ausgedruckt), die Kita-Website oder weitere digitale Kommunikationsmedien (s. Kasten). Auch Elternabende bieten eine gute Gelegenheit, Informationen zur seelischen Entwicklung und Gesundheit zu vermitteln.

Eine transparente und wertschätzende Kommunikation fördert das Vertrauensverhältnis mit den Eltern und wirkt positiv auf die Zusammenarbeit. In den gemeinsamen Gesprächen bringen Eltern und Fachkräfte ihr Wissen zur Entwicklung des Kindes ein. Der anschließende Austausch über eine adäquate Entwicklungsbegleitung bezieht Ideen und konkrete Schritte zur sozial-emotionalen Entwicklung und Förderung ein. Insbesondere wenn es um den sensiblen Bereich rund um die emotionale Entwicklung eines Kindes

INFORMATIONSANGEBOTE DER DEUTSCHEN LIGA FÜR DAS KIND

Die Deutsche Liga für das Kind ist ein interdisziplinärer Zusammenschluss von rund 200 Verbänden und Organisationen, vor allem aus dem Bereich der frühen Kindheit. Die Liga hat sich zum Ziel gesetzt, das Wohlergehen und die Rechte von Kindern zu fördern und ihre Entwicklungschancen in allen Lebensbereichen zu verbessern. Dazu nimmt sie Einfluss auf die Gesetzgebung, informiert Eltern, Kitas sowie die Öffentlichkeit über Bedürfnisse und Rechte von Kindern und initiiert eigene Projekte.
Neben Broschüren und Merkblättern hat die Deutsche Liga für das Kind auch zehn Videoclips für Eltern produzieren lassen, die über die sozial-emotionale Entwicklung von der Geburt bis zum Schulübergang informieren. Die kurzen Videos können kostenfrei und in unterschiedlichen Sprachen abgerufen werden.

Informationen: www.liga-kind.de
Videoclips: www.seelisch-gesund-aufwachsen.de

EINSCHÄTZHILFE FÜR ELTERN

Anhand von Leitthemen werden die Eltern angeregt, die Befindlichkeit und das Verhalten ihres Kindes in emotional und sozial bedeutsamen Situationen zu beobachten und auf einer dreistufigen Skala (trifft sehr zu, teilweise, trifft gar nicht zu) einzuschätzen. Beispiele für ihre Einschätzung können das Bild ergänzen. Die Beobachtungen können von den Eltern anschließend in die (Entwicklungs-)Gespräche mit den Erzieherinnen bzw. Erziehern eingebracht werden.

- Mein Kind findet leicht Kontakt zu anderen Kindern (z. B. auf dem Spielplatz).
- Mein Kind teilt sich anderen gern mit, erzählt von sich aus (z. B., wenn es etwas entdeckt hat).
- Mein Kind respektiert Grenzen und Wünsche von anderen Menschen (z. B., wenn ein anderes Kind seine Ruhe haben möchte).
- Mein Kind ist betroffen, wenn es etwas kaputt gemacht hat, versucht es wieder gutzumachen.
- Mein Kind bleibt auch in schwierigen Situationen ansprechbar (z. B., wenn es traurig oder wütend ist).
- Mein Kind spielt selbstständig und kann sich längere Zeit auf eine Sache konzentrieren.
- Mein Kind ist wissbegierig und hat Spaß, Neues kennenzulernen.
- Mein Kind traut sich etwas zu, auch wenn es nicht sicher gelingt (z. B., wenn es ein neues Spielzeug ausprobiert).

Quelle: Einschätzhilfe in neun Sprachen, Elterninformationen des Programms *Kindergarten plus* in: Maywald/Valentien 2018, S. 144

geht, sind Gesprächsformen gut überlegt zu wählen. Als Kommunikationswege bieten sich an:

- Aufnahmegespräche, in denen das Konzept der sozial-emotionalen Förderung angesprochen wird,
- täglicher Austausch während der Eingewöhnung, ggf. auch mithilfe eines Eingewöhnungstagebuchs,
- Tür-und-Angel-Gespräche für einen kurzen Austausch über das Befinden des Kindes oder über besondere Vorkommnisse, sofern das Kind in das Gespräch einbezogen wird oder anderweitig beschäftig ist, also ein Sprechen über den Kopf des Kindes hinweg vermieden wird,
- ausführliche Entwicklungsgespräche, die von Fachkräften und Eltern vorbereitet werden können,
- Konfliktgespräche, wenn Fachkräfte und/oder Eltern hinsichtlich der Entwicklung eines Kindes alarmiert sind.

Zur Vorbereitung von Entwicklungsgesprächen können Fachkräfte das Kind gezielt beobachten. Auch Eltern können, z. B. mit Unterstützung von Einschätzhilfen, Beobachtungen einbringen (s. Kasten). Durch ein entsprechendes Instrument, das von den Fachkräften vorgeschlagen werden kann, halten Eltern ihre Eindrücke der Stärken und Schwächen ihres Kindes in emotionaler und sozialer Hinsicht fest. Berichte und Dokumentationen der Fachkräfte, die sich auf die Lebenswelt Kita beziehen, und der Blick der Eltern auf familiäre Alltagssituationen ergänzen sich so gegenseitig.

Kultursensible Elternarbeit

Fachkräfte können das gegenseitige Verständnis und die Kommunikation mit den Familien verbessern, indem sie über kulturbezogene Vorstellungen zum sozial-emotionalen Bereich reflektieren. Denn der persönliche Wertekanon, das Gefühl dafür, was „richtig" ist, wird erheblich von Sozialisationsprozessen mitbestimmt. Eigene Wertvorstellungen zu kennen und formulieren zu können, bilden eine Grundlage dafür, auch ein Verständnis für die Werte und kulturbezogenen Ideen von Familien zu gewinnen. Werden diese vielfältigen Vorstellungen zum sozial-emotionalen Bereich mit einem differenzierten und fachlichen Blick wahrgenommen, kann sich das Kita-Team mit Eltern auch über divergierende Ansichten und Standpunkte in wertschätzender Weise austauschen. Die Auseinandersetzung mit folgenden Fragen zu sechs Themenbereichen trägt dazu bei, sich den Werten und Vorstellungen der Familien zu nähern (vgl. ausführlich Pfeffer 2017):

- Kollektiv oder Individuum: Orientieren sich Familien in ihrer Kultur mehr an dem Kollektiv oder dem Individuum? Ist das Handeln in der Familie eher mit Hinblick auf die einzelne Person oder auf das Kollektiv ausgerichtet? Stehen Anpassung an die Gruppe und Loyalität im Vordergrund oder eher Selbstverwirklichung und die Entwicklung individueller Fähigkeiten?
- Machtverhältnisse: Inwieweit ist die Familienkultur von hierarchischen, autoritären oder egalitären, also gleichberechtigten Bedingungen geprägt? Wird vom Kind Gehorsam erwartet oder darauf hingewirkt, dass es einen eigenen Standpunkt vertritt? In welchem Grad ist das Eltern-Kind-Verhältnis von Autorität, in welchem von Mitbestimmung gekennzeichnet?
- Rolle von Kindern: Wie ist die Rolle der Kinder bezogen auf den kulturellen Hintergrund der Familie?

Eine transparente Kommunikation fördert das Vertrauensverhältnis mit den Eltern.

Wie ist der Stellenwert der Kinder innerhalb des kulturellen Rahmens der Familie?

- Lernen: Welche Annahmen gibt es darüber, wann etwas gelernt wird? Wie wird die Bedeutung von Anleitung bzw. freiem Spiel für das Lernen bewertet? Welche Lerninhalte werden dem Bereich Kita zugeordnet, welche bleiben der Familie vorbehalten?
- Bewertung von Emotionen: Wie werden in der Familie vor dem Hintergrund des kulturellen Kontextes bestimmte Emotionen bewertet? Herrschen Normvorstellungen zum Ausdruck von Emotionen vor?
- Geschlechterunterschiede: Gibt es Zuschreibungen, bezogen auf das Geschlecht des Kindes, wenn es um Verhaltensweisen und Gefühle geht? Gibt es Gefühle, die eher als „richtig" für Mädchen oder „passend" für Jungen gesehen werden?

■ **Praxisbeispiel:** Der 3-jährige Luca ist neu in der Kita. Während der Eingewöhnungsphase begleitet ihn seine Mutter. Marie, die Bezugserzieherin, hat dabei schon mehrfach bemerkt, dass Lucas Mutter ihren Sohn bestärkt, sich aggressiv zu verhalten. Sobald andere Kinder in seine Nähe kommen und auf eines seiner Spielzeuge schauen, ruft diese in der Familiensprache Italienisch: „Sforza, Luca!" Währenddessen ballt sie demonstrativ die Fäuste. Luca nimmt dann die Drohgeste auf und fängt inzwischen auch an, Kinder zu schubsen, die ihm zu nahe kommen. Als am Nachmittag ein Gespräch über den Verlauf der Eingewöhnung ansteht, möchte Marie eigentlich gern darstellen, dass Aggressivität in der Kita nicht gefördert wird. Am liebsten würde sie Lucas Mutter direkt klarmachen, dass ihr Verhalten gänzlich unangebracht ist. Marie entscheidet sich jedoch dafür, erst einmal möglichst neutral nachzuhaken. „Sforza!' hört sich wie ein ganz kräftiger, stärkender Ruf an", meint sie lächelnd zu Lucas Mutter, „können Sie das Wort für mich übersetzen?" – „Ja, Luca soll stark sein", meint seine Mutter daraufhin, „ich will, dass er sich jetzt groß fühlt. Er soll seinen Platz finden und nicht ganz unten landen. Er ist einfach zu lieb…" Marie antwortet: „Ich freue mich, dass Sie sich für Luca so einsetzen. Mir ist es auch wichtig, dass er seinen Platz in der Gruppe findet. Ich mache mir aber Sorgen, dass die Kinder ihn ausschließen könnten, wenn er sie öfter körperlich bedroht." Als Lucas Mutter erschrocken reagiert, beruhigt Marie sie. Sie bietet ihr an, Luca in ähnlichen Situationen zu begleiten und ihm zu helfen, seine Bedürfnisse in Worten zu formulieren. ■

Das Praxisbeispiel zeigt, dass es sich lohnt, eine offene Haltung zu bewahren und Eltern auch bei irritierendem Verhalten nicht zu verurteilen. Lucas Mutter hat klare Werte: Ihr Sohn soll sich stark und „männlich" verhalten. Er ist ihrem Empfinden nach aus den heimischen vier Wänden in eine hierarchisch organisierte Außenwelt übergegangen, in der Zwang zur Selbstbehauptung herrscht. Da Lucas Mutter ihre Rolle darin begreift, ihrem Sohn diese – aus ihrer Sicht – überlebenswichtigen Werte zu vermitteln, ermutigt sie ihn zu einem dominant-aggressiven Auftreten. Durch interessiertes Nachfragen und ohne Abwertung der familiären Vorstellungen kann die Fachkraft ihr Angebot anbringen, einen anderen Weg mit Luca zu versuchen. Im Alltag können Luca und seine Mutter lernen, dass dieser Weg möglich ist. Sie machen beide die positive Erfahrung: Je häufiger er Worte statt Drohgebärden nutzt, desto eher sind die anderen Kinder interessiert, mit ihm Kontakt aufzunehmen.

5. Übergänge gestalten

Bevor Kinder in die Kita kommen, haben sie in ihrer Familie die täglichen Abläufe erlebt und verinnerlicht. Auch der Kreis der Bezugspersonen ist in der Regel genau festgelegt, kann sich jedoch in der Anzahl von Kind zu Kind stark unterscheiden. Während einige Kinder ausschließlich das eher abgeschirmte Leben in einer Kleinfamilie mit ganz regelmäßigen Abläufen kennen, haben andere bereits Erfahrungen mit zusätzlichen Betreuungspersonen und Tagesroutinen außerhalb der Familienwohnung (beispielsweise bei den Großeltern) gesammelt. Kinder in Familien- oder Wohnformen, die einen Umgang mit vielen Personen ermöglichen, haben bereits einen lebhaften, sehr abwechslungsreichen Alltag kennengelernt. In der Kita treffen somit Mädchen und Jungen aufeinander, die ganz unterschiedliche Erwartungen an einen „normalen" Tagesablauf haben. Pädagogischen Fachkräften stellt sich deshalb die Herausforderung, Übergänge so zu gestalten, dass einerseits die Individualität der Kinder Beachtung findet und ihr emotionales Wohlbefinden gewährleistet bleibt und andererseits, mit Blick auf die Gruppe, ein gemeinsames soziales Leben mit gelingenden Abläufen etabliert wird.

Eingewöhnung: gut ankommen

Unabhängig davon, ob Kinder einen großen Teil des Tages in der Tagesbetreuung verbringen oder nur wenige Stunden anwesend sind: Mit dem Eintritt in die Kita erleben die Jungen

„Ich bin bei dir"

und Mädchen eine einschneidende Veränderung im Lebensalltag. Denn ab nun ist ihre Welt in zwei Lebensbereiche aufgeteilt, die nur wenige Schnittmengen aufweisen. Eine erfolgreiche Eingewöhnung in den neuen Lebensbereich Kita bildet die Basis für das Wohlbefinden in der Einrichtung, emotionale Sicherheit und gelingende Bildungsprozesse. Verschiedene wissenschaftlich überprüfte Eingewöhnungsmodelle können von Einrichtungen genutzt werden. Insbesondere das Berliner und das Münchener Eingewöhnungsmodell sind weit verbreitet.

> Rituale helfen Kindern, Abschied zu nehmen und sich auf die neue Situation einzulassen.

Das Berliner Eingewöhnungsmodell umfasst fünf Schritte (vgl. Dreyer 2017, S. 79):

1. Eltern frühzeitig darüber informieren, dass ihre Beteiligung am Eingewöhnungsprozess erwartet und wie dieser gestaltet werden wird.
2. In einer dreitägigen Grundphase begleitet ein Elternteil das Kind in die Kita und bleibt dort 1–2 Stunden. Er beobachtet das Kind aufmerksam und signalisiert, dass er ihm als „sicherer Hafen" zur Verfügung steht. Gleichzeitig sollte sich der begleitende Elternteil aber möglichst passiv verhalten, um dem Kind Gelegenheit zur Kontaktaufnahme mit der Fachkraft zu geben.
3. Erster Trennungsversuch am vierten bzw. fünften Tag. Lässt sich das Kind bei der Trennung des Elternteils beruhigen, kann die Trennungsphase auf max. 30 Minuten ausgedehnt werden. Lässt sich das Kind nicht in kurzer Zeit beruhigen, kehrt die begleitende Bezugsperson nach wenigen Minuten zurück. In diesem Fall sollte mit einem weiteren Trennungsversuch bis zur zweiten Woche gewartet werden und es ist eine längere Eingewöhnungszeit von zwei bis drei Wochen erforderlich.
4. Stabilisierungsphase: Unter Beachtung der Reaktionen des Kindes wird der Zeitraum, in dem es allein mit der eingewöhnenden Fachkraft bleibt, immer mehr ausgedehnt.
5. Schlussphase: Der Elternteil hält sich nicht mehr gemeinsam mit seinem Kind in der Kita auf, ist aber noch jederzeit erreichbar. Abgeschlossen gilt die Eingewöhnung dann, wenn es die Fachkraft als „sichere Basis" akzeptiert hat und sich von ihr trösten lässt.

Im Münchener Eingewöhnungsmodell wird davon ausgegangen, dass alle am Eingewöhnungsprozess Beteiligten eine wichtige Rolle spielen und von Anfang an aktiv beteiligt werden müssen. Grundlage des Modells ist das Konzept der Transition, d. h. der Übergangsbewältigung. Im Vordergrund steht dabei die Annahme des „starken" Kindes, das Übergänge bewältigen kann, wenn es dabei Unterstützung erfährt. Da davon ausgegangen wird, dass Kinder zu mehreren Personen eine gute Beziehung aufbauen können, steht die eingewöhnende Fachkraft weniger stark im Vordergrund. Phasen des Modells sind (vgl. Dreyer 2017, S. 89):

1. Kita bereitet sich vor und führt erste Gespräche mit den Eltern.
2. Schnupperwoche, in der das Kind und der begleitende Elternteil jeweils für einen ganzen Vormittag oder Nachmittag die Kita mit allen Kindern und Fachkräften kennenlernt. Die Fachkräfte versuchen in dieser Zeit herauszufinden, was das Kind interessiert und wie man ihm die bevorstehende Trennung erleichtern kann.
3. Es folgt ein erster Trennungsversuch, der frühestens am sechsten Tag stattfindet.
4. In den darauffolgenden Tagen dehnt sich die Trennungszeit aus, wenn sich das Kind bei Trennungsängsten beruhigen lässt und sich auf die Situation in der Kita einlassen kann.
5. Elterngespräche finden während der gesamten Eingewöhnungszeit statt, da diese für den Vertrauensaufbau besonders wichtig sind.

Übergang Krippe – Kita

Ein weiterer für das Kind emotional bedeutsamer Übergang ist der Wechsel von der Krippe bzw. einer Nestgruppe in den Bereich der älteren Kinder. Steht das Verlassen der bekannten Räume und das Kennenlernen neuer Bereiche an, sollten Trennung und Neubeginn vorbereitet und begleitet werden. Rituale helfen dabei, Abschied zu nehmen, und unterstützen Kinder, Strategien kennenzulernen, um sich auf die neue Situation einzulassen. Jüngere Mädchen und Jungen können die kognitive Dimension des Konzepts „Wechsel Krippe – Regelgruppe" noch nicht erfassen. Darum braucht es einen besonders sensiblen Umgang mit den individuellen Reaktionen und aufkommenden Emotionen. Ist der interne Übergang mit einem Wechsel der Bezugspädagog*innen verbunden, sollte der Beziehungsaufbau zu den neuen Fachkräften dem Bedürfnis des Kindes entsprechend angebahnt und aufmerksam begleitet werden.

■ **Praxisbeispiel:** Benjamin kommt nach der Sommerpause mit gut 1 Jahr in die Krippe. Zuvor war er ab seinem 2. Lebensmonat in einer kleinen, familiär geführten Tagespflegestelle. Die Eingewöhnung in der Krippe wird nach dem Berliner Modell durchgeführt und verläuft gut. Benjamin fühlt sich in der Krippe wohl und zeigt zu keiner Zeit verändertes Verhalten. Als seine Mutter und er jedoch fünf Monate später zufällig seine frühere Tagesmutter auf der Straße treffen, bricht in dem Jungen ein großer Schmerz auf. Er weint laut und gerät außer sich. Auch die Tagesmutter kann ihn nicht beruhigen. Er kommt erst zur Ruhe, als sie nicht mehr in seinem Blickfeld ist. ■

Mit 12 Monaten steht ein Kind mitten in der Aufgabe des Bindungsaufbaus. Ein Wechsel von Bezugspersonen in dieser sensiblen Phase kann stark verunsichern. Obwohl Benjamin keine Verhaltensauffälligkeit entwickelt, da die Beziehung zur Mutter stabil ist und die Eingewöhnung gut verläuft, hat ihn der Beziehungsabbruch zur Tagesmutter tief erschüttert. Der Trennungsschmerz wird durch ihren Anblick reaktiviert. Trösten kann ihn die Tagemutter nicht mehr, das „Band" ist verloren gegangen. Da der Wechsel zwischen zwei Betreuungssystemen stattfand, war es nicht möglich, den Übergang kindgerechter zu gestalten.

Übergänge im Kita-Tag

Übergänge im Tagesablauf einer Kita oder Kinderkrippe werden als Mikrotransitionen bezeichnet. Der Begriff beschreibt täglich wiederholende Wechsel in den Alltagsroutinen der Einrichtung, die das Kleinkind durchlebt, beispielsweise Raum- und Etagenwechsel, Wechsel zwischen Essen und Schlafen, Spielen und Wickeln. Auch die Wechsel von Personen, wie bei der morgendlichen Begrüßung der Fachkraft und am Nachmittag zurück zu den Eltern oder beim Wechsel von der Bezugspädagogin in der Frühschicht zu einer Nachmittagskraft, gehören zu den Mikrotransitionen (vgl. Gutknecht/Kramer 2018).

Um einen Übergang ohne Probleme zu bewältigen, müssen Kinder oft eine ganze Reihe von Teilschritten überblicken. Diese Übergänge gut zu strukturieren und zu begleiten, ist Aufgabe der Fachkräfte. Durch ein sensitiv-responsives Verhalten unterstützen sie die Kinder individuell dabei, sich auf neue Situationen vorzubereiten und aktiv am Alltag zu beteiligen. Gelingende Mikrotransitionen, insbesondere im Krippen- und Kleinstkind-Bereich, reduzieren darum das Stresslevel der Kinder, vermitteln Sicherheit und ermöglichen das Erleben von Selbstwirksamkeit (vgl. ausführlich Gutknecht/Kramer 2018).

Auf die Schule vorbereiten

Bei der Umsetzung des Rechts auf Bildung für alle Kinder stellen sich an der Schnittstelle Kita – Schule aktuell noch erhebliche Herausforderungen (vgl. König 2017). Denn in der Praxis ist es in vielen Fällen nicht möglich, den Schulübergang eines Kindes gemeinsam mit den Lehrer*innen der Zielgrundschule zu gestalten. Umfassender Informationsaustausch zu individuellen Lernvoraussetzungen und den Interessen der Kinder, gemeinsame Planung, vorbereitende Besuche der Schule oder Besuche von Lehrkräften in der Kita können nur umgesetzt werden, wenn günstige örtliche Strukturen gegeben sind wie z. B. persönliche Kontakte zwischen einer engagierten Kita- und Schulleitung oder die Teilnahme an Modellprojekten.

Kinder sollen die Zahlen bis 20 kennen, den Dreipunktgriff beherrschen und mit der Schere schneiden können? Stellt sich die Zusammenarbeit mit der Grundschule eher als Leistungskatalog an das Kita-Team dar, sollten Fachkräfte das kritisch hinterfragen. Das bedeutet natürlich nicht, dass Kinder nicht auf die Anforderungen der Schule vorbereitet werden sollten. Schulvorbereitung in der Kita umfasst jedoch nicht nur das letzte Halbjahr, sondern den gesamten Zeitraum des Kita-Besuchs. Sprachlich-kognitive und feinmotorische Fähigkeiten entwickeln sich kontinuierlich, abhängig von den individuellen Voraussetzungen der Kinder sowie der allgemeinen Qualität der Bildungsangebote der Einrichtung. Leistungserwartung hinsichtlich einzelner Fähigkeiten im Zusammenhang mit dem Schulübergang baut nicht nur unnötigen Druck auf, sondern widerspricht auch wissenschaftlichen Erkenntnissen zu Entwicklungsunterschieden zwischen Kindern sowie beim einzelnen Kind in den verschiedenen Entwicklungsbereichen.

> In der Kita bringen Kinder ganz unterschiedliche Erwartungen an einen „normalen" Tagesablauf mit.

Die sozial-emotionale Förderung vor dem Schulübergang zielt darauf ab, Stärken zu stärken. Stolz auf bereits Gelerntes, Geschaffenes und Geschafftes sein, sich in der Gruppe als erfahrenes älteres Kind wahrnehmen (z. B. über Patenschaften für Jüngere), sich als sozial integriert erleben und eigenen Lernfortschritte erkennen (z. B. über Portfolio-Arbeit) trägt dazu bei, dass sich Kinder selbst als „groß" und schulbereit wahrnehmen. Sie verinnerlichen, dass Lernen möglich ist, es dazu aber auch eigener Anstrengung bedarf. Im Hinblick auf die Anforderungen in der Schule wie die soziale Herausforderung, sich im Klassenverband einzugliedern, kann es dabei wichtig sein, emotionale Fähigkeiten der Kinder im Jahr vor der Einschulung ganz gezielt zu fördern. Fachkräfte können mit den Kindern verstärkt üben, die eigenen Emotionen wahrzunehmen und zu benennen, die Gefühle anderer zu verstehen und angemessen auf sie zu reagieren. Auch eine intensive Förderung in Kleinstgruppen mit bis zu sechs Kindern bietet sich an, wenn ein Bedarf gegeben ist. Als Methoden stehen neben zahlreichen Spielen für die emotionale Förderung auch die Projektarbeit oder für die Altersstufe konzipierte Förderprogramme zur Auswahl.

Ein wichtiger Aspekt der Schulvorbereitung besteht darin, sich mit den Kindern über die anstehenden Veränderungen auszutauschen. Auch wenn die Mädchen und Jungen oft stolz sind, „zu den Großen zu gehören", und Bezugspersonen signalisieren, wie gut sie den anstehenden Schulstart finden: Nicht jedes Kind freut sich automatisch auf die Schule. In der Schulvorbereitung sollte deshalb auch negativen Gefühlen Raum gegeben werden. Ab dem Alter von ca. 5 Jahren sind Kinder zunehmend in der Lage, multiple Emotionen wahrzunehmen. Sich auf die Schule freuen, aufgeregt sein und etwas Angst haben, Traurigkeit empfinden, da die Kita-Zeit endet und Trennungen bevorstehen, Unwillen spüren, weil Veränderungen eher als bedrohlich wahrgenommen werden: All das können und dürfen Kinder fühlen. Negative Emotionen vor dem Schulbesuch äußern zu können, signalisiert Verständnis der Bezugspädagog*innen und entlastet das einzelne Kind. Darüber hinaus kann sich die Gruppe darüber austauschen, welche Möglichkeiten es gibt, mit unangenehmen Gefühlen umzugehen. Die Kinder lernen Strategien kennen und können ggf. auch gemeinsam mit den Fachkräften Methoden und Materialien gestalten, die sie als hilfreich empfinden, um mit Trauer, Angst oder Ärger umzugehen (s. Kapitel VII.2).

6. Das einzelne Kind in der Gruppe

Ein gruppenbezogenes Verhalten der Fachkräfte in der Kita oder Tagespflege steht einer feinfühligen Beziehung zum einzelnen Kind nicht entgegen. „Sichere Erzieherinnen-Kind-Beziehungen entstehen in der außerfamiliären Tagesbetreuung dort, wo die Gruppenatmosphäre durch empathisches Erzieherinnenverhalten bestimmt wird. Dieses ist – im Kontrast zu einem kindzentrierten sensitiven Elternverhalten – gruppenbezogen ausgerichtet und bedient die wichtigsten sozialen Bedürfnisse des Kindes unter Einbeziehung der Anforderungen der Gruppe zum richtigen Zeitpunkt“ (Ahnert 2014, S. 276). Kitas und Krippen stehen darum vor der großen Herausforderung, Strukturen zu schaffen, die responsives und feinfühliges Verhalten der Fachkräfte in täglichen, den Bedürfnissen der Kinder entsprechenden Kontakten ermöglichen. Auch wenn das Verhalten der pädagogischen Fachkräfte insgesamt gruppenbezogen ausgerichtet ist, brauchen Kinder die Spiegelung ihres emotionalen Ausdrucks in Eins-zu-eins-Situationen. Je jünger die Mädchen und Jungen sind, desto prompter muss eine feinfühlige Reaktion auf ihr Verhalten erfolgen. Um jedem einzelnen Kind gerecht zu werden, kommt dem Kita-Team dabei die Aufgabe zu, sie ihrem Entwicklungsalter entsprechend anzuregen, Emotionen selbst zu regulieren.

Eine wichtige Größe für die Qualität der Kindertagesbetreuung ist die Fachkraft-Kind-Relation. Die Deutsche Liga für das Kind empfiehlt in der direkten pädagogischen Arbeit ein Betreuungsverhältnis von 1:2 bei Kindern im 1. Lebensjahr. Bei Kindern von 1 bis 3 Jahren sollte eine Fachkraft-Kind-Relation von 1:4 vorliegen und bei altersgemischten Gruppen eine Anpassung (z.B. bei zwei Kindern unter 1 Jahr und zwei Kindern unter 3 Jahren ein Schlüssel von 1:3) (Deutsche Liga für das Kind 2015, S. 4). Bei abweichenden Fachkraft-Kind-Relationen mit größerer Kinderzahl wird es für Fachkräfte zunehmend schwerer, das einzelne Kind und die Gruppe im Blick zu haben.

■ **Praxisbeispiel:** 11:15 Uhr in der Kita „Ahornweg“: Der 4-jährige Ben hat Hunger. Als Einzelkind muss er zu Hause nie länger auf seine Mahlzeit warten, da seine Eltern es vermeiden wollen, dass er quengelig wird. Ben geht zu Marco, seinem Bezugserzieher, und fragt ihn, wann es Mittag gibt. Marco, der gerade mit drei quirligen Kleinstkindern ins Bad gehen will, antwortet: „Essen ist wichtig, wenn dein Bauch knurrt! Es sind noch ein paar Apfelstücke da.“ Als Ben nicht reagiert, fährt Marco fort: „Oder willst du warten, bis wir alle gemeinsam essen? Wenn du ganz dollen Hunger hast, dann kommst du am besten gleich mit. Wir gehen an der Käfergruppe vorbei, die haben schon mit dem Mittagessen angefangen und bestimmt auch einen Platz für dich frei!“ Da Ben nicht in die Käfergruppe möchte, gibt Marco ihm die große, rote Sanduhr. „Guck mal, Ben, wenn der Sand hier einmal durchgelaufen ist, dann dauert es nicht lange, bis die Essenszeit anfängt. Du kannst die Sanduhr selbst umdrehen.“ Der Junge nickt und hält die Uhr fest. Als Marco weggegangen ist, schaut er sich die etwas bräunlichen Apfelstücke auf dem Obstteller an, greift einige mit der freien Hand und setzt sich an den Tisch. Dann dreht er die Sanduhr um. Der Sand rieselt. Ab und an kaut Ben an einem Apfelschnitz. Als Marco nach 10 Minuten wiederkommt, sitzt Ben vor der ablaufenden Sanduhr und lässt sie nicht aus dem Blick. Kaum ist der Sand durchgelaufen, springt er auf. Marco hat ihn richtig informiert: Die ersten Essensvorbereitungen laufen. Ben hilft mit, nimmt Teller und stellt sie auf den Tisch. Als schließlich das gemeinsame Essen beginnt – inzwischen sind fast 20 Minuten vergangen –, ist Ben bester Laune und greift genussvoll zu. ■

> Kinder in Krippe und Kita brauchen die Spiegelung ihres emotionalen Ausdrucks in Eins-zu-eins-Situationen.

Der 4-Jährige kann sehr gut zwischen den Strukturen und Möglichkeiten in der Kita und zu Hause unterscheiden. Bei seinen Eltern genießt er als Einzelkind die Solo-Rolle und besondere Zuwendung. Doch in der Kita gibt es beim Mittagessen feste Regeln und sein Bezugserzieher muss mehreren Kindern gleichzeitig gerecht werden. Darum handelt Marco pädagogisch umsichtig: Die jüngeren Kinder haben im Moment zwar Priorität, er kann Ben aber Handlungsalternativen anbieten. Dabei vertraut er darauf, dass der Junge die für sich passende Wahl trifft. Ben lernt so, ein Bedürfnis aufzuschieben, ohne dass er das Gefühl hat zurückzustecken. Ein spannendes Werkzeug, nämlich die Sanduhr, hilft ihm zusätzlich, die emotionale Herausforderung zu meistern. Durch diese positive Erfahrung kann er auch in Zukunft auf diese Technik zurückgreifen.

7. Konfliktsituationen als Lernfelder nutzen

Wird ein Konflikt im Kita-Alltag als Chance gesehen (s. Kapitel IV.3), stehen Lernprozesse und Kompetenzen im Vordergrund: „Es geht darum, dass die Kinder ihre verschiedenen Interessen verstehen, verhandeln und gemeinsam Lösungen finden. Streit und heftige Auseinandersetzungen gehören zu diesem Prozess und damit zum Alltag dazu. Sie sind willkommene Lernanlässe“ (Pfeffer 2017, S. 41).

Konflikte und Streitsituationen gehören schon vom Kleinkindalter an zum alltäglichen Leben dazu. Sie sind förderlich für die sozial-emotionale Entwicklung und stoßen Lernprozesse an, wenn Fachkräfte diese als reguläre und konstruktive Bestandteile des Zusammenlebens anerkennen. Dabei müssen Pädagog*innen ihrer Vorbildrolle gerecht werden: privat, im Team, in der Elternarbeit und schließlich in der Kindergruppe selbst. Denn Kinder erwerben sowohl durch eigene Konflikterfahrungen als auch über Beobachtungen, wie andere Kinder und Erwachsene in ihrem Umfeld mit Konflikten umgehen, wichtige Handlungskompetenz. Wenn das Team also einen wertschätzenden und lösungsorientierten Umgang mit Konflikten vorlebt, erleben die Kinder, dass es in der Gemeinschaft verschiedene Meinungen geben kann und darf. Wird im Kita-Alltag mit unterschiedlichen Meinungen auf allen Ebenen fair und konstruktiv umgegangen, müssen Konflikte auch keine Ängste auslösen. Im Gegenteil: Die Kinder lernen sie als Gelegenheiten kennen, durch die eine Klärung und Verbesserung der Situation herbeigeführt werden kann. Ein wichtiger Auftrag in der Kindertagesbetreuung besteht deshalb darin, Kindern zu vermitteln: Wenn es ein Problem gibt, ist das nicht angenehm, aber okay. Wir werden es gemeinsam lösen! Dabei bedroht der Konflikt weder die Beziehungen untereinander noch unsere Gemeinschaft.

Wann entstehen Konflikte zwischen Kindern?

Die Motive von Konflikten unter Kindern unterscheiden sich nicht essenziell von denen Erwachsener: Häufig geht es um Besitz, um Fragen der Dominanz, um Störungen der eigenen Sphäre und/oder persönlicher Aktivitäten. Welche Situationen Konflikte auslösen und wie erregt Kinder

Kinder lernen durch Konflikte

im Konfliktfall reagieren, hängt von ihrem Entwicklungsalter ab. Die Toleranzschwelle junger Kinder ist noch niedrig. Da sie den Umgang mit Emotionen erst noch lernen, fallen ihre Reaktionen oft sehr heftig aus. Typische Gründe für Konflikte zwischen Kindern sind (vgl. Daldrop/Hohmann 2018; Wittmer/Clauson 2019, S. 111):

- Unterbrochene Aktivität und Eindringen in die Individualdistanz: Kinder reagieren auf Störungen oder Unterbrechungen und/oder erkämpfen ihr Spielobjekt, um eine Handlung fortführen zu können.
- Neugier, Erforschungsdrang: Bespielte Objekte sind interessant und möchten vom Kind erlangt werden, um mit ihnen zu explorieren. Auch die Haare eines anderen Kindes können beispielsweise als interessantes Objekt wahrgenommen werden.
- Erweckte Bedürfnisse: Eine Beobachtung, z. B. eines essenden Kindes, erinnert an den eigenen Hunger. Das Kind möchte das Brot entwenden und sein Bedürfnis stillen.
- Besitzansprüche: Kinder möchten bestimmte Objekte erlangen, die ihnen gehören und/oder von ihnen mit „meins“ benannt werden, beispielsweise weil sie schon mit ihnen gespielt haben.
- Hierarchie: Kinder kämpfen um einen Gegenstand, da der Besitz Stärke markiert und das Kind in der Rangordnung aufsteigen lässt.
- Dominanz: Einige Kinder wenden Techniken der Macht an wie Schreien, Befehlen usw., um andere Kinder zu steuern.
- Kontakt- und Erregungssuche: Kinder nehmen Kontakte auf, um der Einsamkeit und Langeweile zu entkommen und Aufmerksamkeit zu erhalten (z. B. wenn sie versuchen, durch bewusstes Stören Reaktionen zu erzielen).
- Herausforderung an die Selbstregulation: Junge Kinder lernen erst noch, ihre Emotionen, ihre Aufmerksamkeit und ihr Verhalten zu steuern. Sie sind leichter überfordert und brauchen Unterstützung, um zu lernen, wie sie Emotionen auf angemessene Art ausdrücken und ihr Verhalten regulieren können.

Nicht zu früh eingreifen

Im Austausch und auch im Konflikt mit anderen erkennen Kinder ihre eigenen Bedürfnisse, Wünsche und Interessen. Sie erfahren, dass diese sich von Person zu Person unterscheiden. Wenn Kinder aufmerksam

KONFLIKTKOMPASS FÜR FACHKRÄFTE

(vgl. Daldrop/Hohmann 2018)

- Sich einen Überblick über die Situation verschaffen: Wer ist an dem Streit beteiligt? Auf welcher Eskalationsstufe befinden sich die Kinder? Was könnte die Ursache des Konflikts sein?
- Eine Entscheidung treffen, aktiv in die Situation einzugreifen oder sich weiter beobachtend zurückzuhalten.
- Bedürfnisse erkennen und „übersetzen“: Emotionen, Wünsche und Anliegen der Kinder verbalisieren. Z. B.: „John, du schaust wütend auf Andres, der das Schmetterlingskostüm genommen hat. Möchtest du das Kostüm haben?“ – „Andres, du hast das Kostüm, John ärgert sich, weil er es auch gerne hätte.“
- Durch die Formulierung offener Fragen, wie z. B. „Hast du eine Idee, was wir da machen können?“, signalisieren pädagogische Fachkräfte, dass sie die Situation registriert haben und ernst nehmen. Die Kinder werden dazu angeregt, ihre Bedürfnisse auszudrücken und selbst Lösungen zu entwickeln. Gleichzeitig wird signalisiert, dass jemand beratend zur Seite steht, falls dies notwendig sein sollte.
- Impulse geben: Jüngere Kinder oder stark aufgebrachte Kinder können Sprache im Moment des Konflikts nicht als Mittel nutzen, um ihre Bedürfnisse auszudrücken. Stattdessen bietet es sich an, ihnen Handlungsmöglichkeiten aufzuzeigen: „Willst du mir mit den Legosteinen helfen, bis Andres das Schmetterlingskostüm nicht mehr braucht?“ oder „Wir haben noch Glitzerstoff, willst du dich damit als Schmetterling verkleiden?“. Gerade jüngere Kinder sollten dabei nicht mit einer Vielzahl an Möglichkeiten überfordert werden. Die Entscheidung zwischen zwei Varianten reicht meist aus.
- Sofort schützend eingreifen sollte die pädagogische Fachkraft, wenn Kinder sehr erregt sind oder die Auseinandersetzung auf körperlicher Ebene ausgetragen wird. Es sollte versucht werden, die Auseinandersetzung unmittelbar durch Ansprache zu beenden bzw. die Kinder voneinander zu trennen. Ein ruhiger Tonfall, das Vermeiden von Parteinahme und das Verbalisieren, warum etwas in diesem Moment getan wird, tragen zur Deeskalation bei.
- Mit den Kindern sprechen: Wenn die Kinder ihrem sprachlich-kognitiven Entwicklungsstand nach in der Lage sind, ihre Bedürfnisse und Gedanken zu formulieren, kann (evtl. zuerst einzeln, dann mit allen Beteiligten gemeinsam) über den Konflikt geredet werden. Es ist wichtig, dabei alle Perspektiven mit einzubeziehen.
- Kinder beteiligen: Kinder entwickeln schon früh eigene Ideen und Lösungsvorschläge für Streitsituationen, wenn sie die Möglichkeit erhalten, Konflikte als Chancen zu begreifen („John kann doch eine Biene sein, da gibt es auch ein Kostüm!“ oder „Andres, wenn du die große Runde zweimal geflattert bist im Garten, kann ich dann das Kostüm haben?“). Die Ideen der Kinder ernst nehmen und im Deeskalationsprozess aufzugreifen, fördert Lernprozesse. Rein regulierende Maßnahmen seitens der Fachkraft („Andres, zieh jetzt sofort das Kostüm aus, John wartet schon lange!“) verstärken hingegen Widerstand, ziehen Enttäuschung nach sich und beeinträchtigen ggf. sogar die Beziehungsqualität, da die Fachkraft als parteiisch wahrgenommen wird.
- Anschließend können die Kinder wieder in das Gruppengeschehen entlassen werden. Dabei kann sie die Fachkraft ggf. begleiten: „Andres, du bist die große Gartenrunde jetzt zweimal geflattert. Ein richtig starker Schmetterling! Bitte denke daran, ihr habt besprochen, dass du das Kostüm nach der zweiten Runde John gibst.“

in Konfliktsituationen begleitet werden, können sie die Erfahrung machen, dass unterschiedliche Interessenlagen nicht zwangsläufig dazu führen, dass die eigenen Bedürfnisse unerfüllt bleiben und das soziale Miteinander leidet. Sie entwickeln eine positive Einstellung zu Auseinandersetzungen und zur gemeinsamen Lösungsfindung. Nicht hilfreich sind darum Strategien der pauschalen Konfliktvermeidung, z. B. Aufforderungen an die Kinder, ruhig oder lieb zu sein und sich nicht zu streiten. Allgemein formulierte Regeln wie „Wir haben doch besprochen, dass in der Bauecke nicht gestritten wird!“ tragen nicht dazu bei, Konflikte zu lösen. Pädagogische Reaktionen auf Streit oder Konflikte müssen deshalb immer zum Gesamtzusammenhang des Konflikts und zu den Anliegen, Fragen und Gefühlen der Kinder passen (vgl. Dittrich/Dörfler/Schneider 2001). Auch wenn Kinder genötigt werden, sich zu entschuldigen, ohne dass die eigentlichen Ursachen geklärt wurden, gibt es keinen Lerneffekt oder Zuwachs an Kompetenzen. Die Mädchen und Jungen erfahren so lediglich, dass ihnen nicht zugetraut wird, selbstständig Lösungen zu suchen und zu finden. Pädagogische Fachkräfte sollten, wenn sie eine Konfliktsituation bemerken, also nicht zu früh in die Konflikte der Kinder eingreifen oder diese gar beenden. Stattdessen sollten sie sie dazu anregen, Lösungsschritte zu erproben. Um Konfliktfähigkeiten zu entwickeln, müssen Kinder Situationen erleben, in denen sie Störungen wahrnehmen, und genügend Zeit und Raum zum Üben erhalten. Sie benötigen viele Gelegenheiten, um sich in Konfliktsituationen auszuprobieren und unterschiedliche Verhaltensweisen und Strategien zu erproben. „Je nachdem, wie viel Gelegenheit sie in der Kindertagesstätte zu Selbstbestimmbarkeit und vielfältigem Austausch untereinander bekommen, (…) können sie gemeinsam als Subjekte ihre Welt (als soziale Welt der Kinder) konstruieren und untereinander ausmachen, was für sie gilt, indem sie ihr Verhalten aufeinander abstimmen“ (Dittrich et al. 2001, S. 28).

In schwierigen Situationen sollten Kinder natürlich nicht alleingelassen werden. Wenn Fachkräfte Konflikte zwischen Kindern begleiten (s. Kasten), sollte der erste Blick der Sachebene gelten. Dann ist es wichtig, die Bedürfnisse der Kinder zu ermitteln, ggf. untereinander zu vermitteln sowie die Kinder in die Lösungsfindung einzubeziehen. Durch offene Fragen gelingt dies am besten. Die Fachkraft kann Anregungen geben und Impulse setzen, um die Kinder zum Ausprobieren konstruktiver Strategien anzuregen.

Aggressives Verhalten wächst sich nicht aus

Bei drohender Gefährdung oder bei Gewalthandlungen zwischen Kindern müssen Fachkräfte schützend eingreifen. Wenn sich Kinder in einem destruktiven Konflikt befinden, aus dem sie nicht allein herausfinden, oder wenn sie es nicht schaffen, ihre unterschiedlichen Bedürfnisse aufeinander abzustimmen, sollten pädagogische Fachkräfte einschreiten. Abhängig vom Entwicklungsstand der Kinder sowie von dem Eskalationsgrad des Konflikts variieren die passenden Interaktionsangebote der Fachkräfte.

■ **Praxisbeispiel:** Zwei 10 Monate alte Babys liegen nebeneinander im Spielbereich und hantieren mit Plastikflaschen, die zur Exploration herausfordern. Ein klangvoller Ton erschallt, als ein Kind dem anderen unabsichtlich eine Flasche auf den Kopf schlägt. Angeregt durch den Effekt wiederholt es seine Handlung und schlägt die Flasche mehrfach kräftig auf den Kopf des anderen Kindes, das heftig zu weinen beginnt. Eine Fachkraft nähert sich schnell, aber mit ruhigen Gesten den beiden. „Jenni, auf den Kopf schlagen geht nicht, das tut weh", wendet sie sich an das schlagende Kind. „Komm, ich nehme dich auf und wir suchen eine Stelle, an der du auf den Boden klopfen kannst." Sie trägt das Kind in einen anderen Bereich und zeigt, wie mit der Flasche auf dem Boden ein Klang erzeugt werden kann. Dann geht sie zurück zu dem getroffenen Kind und beruhigt dieses. ■

Ein Konflikt, den die beiden Kinder nicht selbst bewältigen können, wird durch das Eingreifen der Fachkraft gelöst. Die räumliche Trennung, der Vorschlag zur Verhaltensmodifizierung und das Trostspenden beenden den Konflikt. Beiden Kindern wird deutlich: „Ich kann mich darauf verlassen, dass unangenehme Situationen schnell geklärt werden." Die Kinder sind zu jung, um Ursache und Wirkung mit ihrem Verhalten in Zusammenhang bringen zu können. Schuldzuweisungen oder ein Versuch, das Geschehene in der Situation zu besprechen, wären fehl am Platz. Doch da das (unabsichtliche) Schlagen schnellstmöglich unterbunden wird, vermittelt die Fachkraft der ganzen Gruppe: Dieses Verhalten wird in der Kita nicht toleriert. Wenn durchsetzungsfähigere Kinder aggressives Vorgehen als eine funktionierende Strategie für sich entdecken, werden sie ihr Verhalten wiederholen. Aggressives Verhalten wächst sich nicht aus.

Es ist eine wichtige pädagogische Aufgabe, Beweggründe für Aggressionen zu identifizieren, die Bedürfnisse der Kinder zu erkennen und zugleich aggressives Veralten konsequent und in orientierungsgebender Weise zu beantworten.

8. Wenn Verhalten auffällt

Emotionale und/oder soziale Probleme können sich in auffälligem – manchmal auch als „verhaltensoriginell" bezeichnetem – Verhalten äußern. Sie stellen eine besondere Herausforderung für Fachkräfte dar: „Letztendlich müssen (...) für jedes Kind die je individuellen Antworten und Lösungen gefunden werden" (Fröhlich-Gildhoff/Rönnau-Böse/Tinius 2020, S. 173).

„Verhaltensauffälligkeiten sind Verhaltensweisen, die

- von der alterstypischen Entwicklung deutlich abweichen,
- wiederholt und situationsunabhängig auftreten,
- Leidensdruck auslösen (bei Kind, Gleichaltrigen, Erziehungspersonen),

TYPISCHE VERHALTENSAUFFÄLLIGKEITEN BEI KITA-KINDERN

- aggressives, regelverletzendes Verhalten; Gewalt gegenüber Personen/Sachen
- oppositionelles Verhalten; Verweigerung
- starke motorische Unruhe; Hyperaktivität; Unaufmerksamkeit
- ängstliches, überangepasstes Verhalten; generelle Überängstlichkeit
- Sprachverweigerung (z. B. selektiver Mutismus)
- angstbedingte Defizite beim Sprechen (z. B. Stottern)
- depressive Verstimmungen (häufiges Weinen, keine Lebensfreude)
- große Schwächen beim Aufbau und bei der Aufrechterhaltung von sozialen Kontakten; fehlende Integration in die Gruppe; soziale Gehemmtheit
- fehlende Bereitschaft, sich auf altersgemäßes Spiel einzulassen (Spielunlust)
- auffälliges Essverhalten
- Hospitalismus (distanzloses Verhalten, Stereotypien)
- schamloses oder sexualisiertes Verhalten
- ungewöhnliches, altersunangemessenes Verlangen nach Zuwendung/Körperkontakt
- Einkoten (ab vier Jahre) und Einnässen (ab fünf Jahre)
- Autismus (starke Zurückgezogenheit, stereotypes Verhalten)

Quelle: Bensel 2018, S. 38

- Entwicklungsmöglichkeiten des Kindes einzuschränken drohen,
- nicht allein reaktiv, sondern auch proaktiv auftreten,
- nicht auf eine Entwicklungsverzögerung oder Funktionseinschränkung zurückzuführen sind" (Bensel 2018, S. 38).

Verhaltensauffälligkeiten können Ausdruck eines Reifungsphänomens, einer Entwicklungsvariante oder einer beginnenden bzw. manifesten Verhaltensstörung sein. Als Reifungsphänomene bezeichnet man Verhaltensweisen, die bei den meisten Kindern während einer bestimmten Alters- und Reifungsperiode auftreten und dann wieder abnehmen oder ganz verschwinden. Beispiele dafür sind das Schreien und das nächtliche Aufwachen im Säuglingsalter, Trennungsangst im 2. und Trotzreaktionen im 3. Lebensjahr oder Bettnässen vor dem 4. Lebensjahr. Unter Entwicklungsvarianten werden Verhaltensweisen verstanden, die bei einer gewissen Anzahl von Kindern vorkommen und von der normalen Entwicklung abweichen, aber nicht den Charakter einer Störung aufweisen. Dazu gehören Verhaltensweisen wie vorübergehendes Stottern, Schüchternheit, Bewegungsstereotypien oder die Nachtangst („Pavor Nocturnus"). Als Verhaltensstörungen gelten Auffälligkeiten, die in ihrer Intensität und Dauer so groß sind, dass das Kind wesentlich daran gehindert wird, altersgemäße Entwicklungsaufgaben angemessen zu bewältigen.

Die drei Kategorien können nicht gänzlich voneinander getrennt werden, sondern überschneiden sich. So kann z. B. ein Reifungsphänomen zu einer Störung werden, wenn es in Häufigkeit, Intensität und Dauer die vom Umfeld gesetzten Normen übersteigt. Ebenso kann eine mangelnde Übereinstimmung zwischen den Entwicklungseigenheiten eines Kindes und den Erwartungen und Vorstellungen seiner Bezugspersonen zu auffälligem oder gestörtem Verhalten führen (vgl. Jenni/Latal 2008).

Verhalten wahrnehmen und verstehen

Es gehört nicht zu den Aufgaben pädagogischer Fachkräfte, Verhaltensauffälligkeiten bei Kindern zu diagnostizieren. Sie sollten jedoch in der Lage sein abzuschätzen, ob das Verhalten eines Kindes einer Abklärung bedarf. Auch gehört es zu ihren Aufgaben, Gespräche mit den Eltern zu führen, wenn das Verhalten des Kindes besonders ins Auge fällt, sowie die Familien zu unterstützen, Beratung bzw. Hilfe zu erhalten. In der Begegnung mit dem Kind kommt es darauf an, „passgenau an seinem Entwicklungsstand und seinen Bedürfnissen anzusetzen. Von der Struktur her ist der Unterschied zwischen der Förderung motorischer Kompetenzen und der Unterstützung der Entwicklung sozial emotionaler Kompetenzen unwesentlich" (Fröhlich-Gildhoff et al. 2020, S. 173). Für den Umgang mit Verhalten, das auffällt, bietet sich ein systematisches Vorgehen an (s. Kasten). Dessen Anspruch sollte darin bestehen, sich auf die komplexen und individuellen Prozesse einzulassen und nicht vorschnell Verhalten als auffällig oder gestört zu etikettieren.

Auch wenn der Wunsch nach schnellen Erfolgen und unkomplizierter Abkürzungspädagogik besteht: Einfache Lösungen wie „das Kind hat gegen die Regel verstoßen, deswegen muss es die Konsequenzen tragen" beantworten nicht die eigentlichen, dem Verhalten zugrunde liegenden Bedürfnisse. Diese zu kurz greifenden Ansätze können dementsprechend nicht zu einer vom Kind ausgehenden Verhaltensänderung führen. Deshalb ist es notwendig, weiter zu fragen. Auch eine Aussage wie „Das Kind verhält sich so, weil es Aufmerksamkeit will!" wird bei genauerem Hinsehen als oberflächliches Deutungsmodell erkannt. Denn erst wenn verstanden wird, warum das Kind Aufmerksamkeit haben möchte, können pädagogisch sinnvolle Antworten gegeben werden. Erleben Fachkräfte Verhalten als auffällig und herausfordernd, hat das Kita-Team die Aufgabe, Hypothesen zu bilden und diese zu überprüfen. Verhalten, das auffällt, darf dabei nicht als herausgehobenes Einzelereignis betrachtet werden, sondern muss als Reaktion und Strategie auf die individuelle Situation eines Kindes gesehen werden. Es ist also wichtig, sich mit dem jeweiligen Kind und seinen Umgebungsbedingungen sowie seiner Familie ins Verhältnis zu setzen. Dabei sollten auch auffällig ruhige oder zurückgezogene Kinder nicht vergessen werden (s. Kasten S. 53).

Wenn es um das Verstehen des Kindes geht, sind professionelle Kompetenzen gefordert. Dazu gehört es, eigene Reaktionen zu reflektieren und sich mit Fragen des professionellen Grundverständnisses auseinanderzusetzen. Stehen das Kind und seine Be-

> Verhalten darf nicht vorschnell als auffällig oder gestört etikettiert werden.

SYSTEMATISCHES VORGEHEN BEI VERHALTENSAUFFÄLLIGKEITEN

Ein systematisches Vorgehen besteht darin, das Verhalten
- zu beobachten (wann tritt es auf, unter welchen Umständen, wie oft ...?),
- dann zu analysieren und
- zu verstehen.

Erst auf dieser Grundlage kommt es zu einer Handlungsplanung, d. h. zur Umsetzung in direktes pädagogisches Handeln und schließlich zu einer Überprüfung der Handlungsergebnisse.

WER RUHIG BLEIBT, WIRD ZULETZT GESEHEN?

Häufig stehen besonders die Kinder im Fokus, die laut und wild agieren, Aggressionen offen zeigen und außer Rand und Band zu sein scheinen. Oft werden darüber die besonders stillen, zurückgezogenen Kinder übersehen. Ihr Verhalten beeinträchtigt die Abläufe in der Kita nicht, sie gefährden weder sich noch andere, sprengen nicht den Rahmen, machen sich eher unsichtbar. Auch diese Kinder zählen jedoch zur Risikogruppe für die Entwicklung späterer seelischer Erkrankungen, wie beispielsweise Depressionen oder Suchterkrankungen. Sie bedürfen deshalb ebenso der Beachtung und Unterstützung.

dürfnisse im Mittelpunkt? Oder sollen vorrangig eigene Orientierungen bzw. Ansprüche und Regeln der Gruppe/ Kita durchgesetzt werden? Die pädagogischen Fachkräfte müssen ihr Wissen um Entwicklungsbedingungen immer wieder aktualisieren und individuell anpassen. Beobachtungs- und Planungskompetenzen sind dafür unabdingbar. Nicht zuletzt gilt es, die eigenen Handlungsfertigkeiten anzuwenden und stets zu erweitern. Bei diesem Prozess sind Rückschläge und Frustrationen keine Seltenheit. Für die professionelle pädagogische Begegnung mit Kindern, deren Verhalten als herausfordernd empfunden wird, gibt es keine einfachen Rezepte. Die Fachkraft und das Team sollten sich selbstreflexiv mit der Herausforderung auseinandersetzen und nach gründlicher Analyse Begegnungsmöglichkeiten erproben, die für das einzelne Kind und sein soziales Umfeld passen. Oft bedeutet dies, sich auf einen längeren Prozess systematischen Handelns einzulassen, verschiedene Vermutungen zu überprüfen und Geduld zu bewahren.

Zusammenarbeit mit Eltern

Auch die Zusammenarbeit mit Eltern, deren Kind ein Verhalten zeigt, das für sie selbst oder andere zu einer Belastung wird, gestaltet sich nicht immer einfach. „Für Eltern stellt es immer eine potenzielle Kränkung dar, wenn sie erleben oder gar von anderen hören, dass ihr Kind ‚nicht richtig‘ ist. Sie fühlen sich dann in ihrem Selbstwert als gute Eltern bedroht und werden sich entsprechend wehren. Eine Möglichkeit des Selbstschutzes besteht darin, das Verhalten des Kindes zu leugnen oder den/die ÜberbringerIn der schlechten Botschaft anzugreifen, ihre Kompetenz in Frage zu stellen“ (Fröhlich-Gildhoff et al. 2020, S. 173 f.). Für die pädagogische Fachkraft geht es darum, die Balance zu halten. Sie steht vor der Herausforderung, einerseits einen sensiblen Zugang zu den Eltern zu finden und deren Bemühen wertzuschätzen und andererseits die Not des Kindes zu verdeutlichen sowie die eigene professionelle Sicht klar darzustellen.

Umgang mit herausforderndem Verhalten als Teamaufgabe

Der Umgang mit herausforderndem Verhalten ist eine Teamaufgabe. Darum ist es sinnvoll, das Vorgehen zur Unterstützung der zuständigen Fachkraft und des Kindes gemeinsam festzulegen und zu verschriftlichen. In einer Prozessbeschreibung sollte festgehalten werden,

- an wen sich die Fachkraft wenden kann, wenn sie sich durch das Verhalten eines Kindes als besonders herausgefordert erlebt oder sie das Kind in seinen Handlungen und Gefühlsäußerungen nicht versteht (die Leitung sollte als Ansprechpartner*in ebenfalls zur Verfügung stehen),
- mit welchen Methoden und Instrumenten in diesem Fall systematisch beobachtet wird,
- wann eine Fallbesprechung im Team erfolgt,
- wer die Eltern anspricht,
- welche externen Fachkräfte zu einer (ggf. anonymisierten) Fallberatung hinzugezogen werden können,
- an wen die Eltern unkompliziert verwiesen werden können,
- was passiert, wenn sich nach einem längeren Prozess des geplanten kooperativen Handelns keine Veränderungen einstellen.

Professionalität besteht nicht allein darin, Probleme zu lösen. Zu Professionalität gehört auch, zu erkennen, wann die eigenen Fähigkeiten für die Bewältigung einer Aufgabe nicht ausreichen. Kann die pädagogische Fachkraft mit beobachtetem Verhalten und/oder Schwierigkeiten in der Interaktion mit einem Kind nicht so umgehen, dass sich Entwicklungsfortschritte ergeben, darf und soll sie sich Hilfe suchen. Dazu zählt etwa der Austausch mit den Kolleg*innen, aber auch ggf. das Hinzuziehen anderer beteiligter Institutionen. Einzelne Pädagog*innen dürfen bei Schwierigkeiten nicht alleingelassen werden und brauchen klare institutionelle Unterstützung. „Nur wenn die Fachkraft sich sicher und unterstützt fühlt, kann sie sich aus eigener Sicherheit auf das Kind und die sich stellenden Herausforderungen einlassen. Um die Belastung zu reduzieren, ist es wichtig, sich im Team systematisch über Beobachtungen auszutauschen, Handlungsstrategien abzusprechen und Unterstützung durch die Leitung zu organisieren“ (Fröhlich-Gildhoff et al. 2020, S. 174).

Die Anforderungen, die sich Fachkräften im Umgang mit herausforderndem Verhalten von Kindern stellen, können als zusätzliche Belastung empfunden werden. Zeitaufwendig und anstrengend sind auch die Selbstreflexion, das Hinterfragen persönlicher Einstellungen, die Überprüfung eigener Handlungsmuster und die Analyse komplexer Beziehungsgeflechte (zwischen Fachkräften, Kindern, Eltern u. a.). Andererseits kann der Umgang mit herausfordernden Verhaltensweisen, dem ein systematisches und reflektiertes Vorgehen zugrunde liegt, mittelfristig zu einer Entlastung und höheren Arbeitszufriedenheit der pädagogischen Fachkräfte führen.

VII

Programme, Methoden und Materialien

Um Kinder in ihrer sozial-emotionalen Entwicklung gezielt zu fördern, braucht es Präventionsmaßnahmen und Methoden, die ihren individuellen Bedürfnissen gerecht werden. Welche Programme und Materialien eignen sich besonders für die Kita-Praxis und wie können Fachkräfte sie im Alltag strukturiert einsetzen?

1. Präventionsprogramme

In der Zeit vor dem Schuleintritt werden entscheidende Weichen für eine erfolgreiche Lebensführung gestellt. Nicht zuletzt angesichts der Häufung sozial-emotionaler Probleme bei Kindern und der damit oft einhergehenden schulischen Leistungsprobleme hat die Idee der frühpädagogischen Prävention in den vergangenen Jahren zunehmend Beachtung erfahren. Erfahrungen mit vorschulischen Präventionsprogrammen stimmen optimistisch (vgl. Fingerle 2013). Um bestmögliche Effekte zu erzielen, gilt es jedoch, Verschiedenes zu beachten: Die Auswahl eines Präventionsprogramms oder einer -maßnahme sollte nach einer fachlichen Recherche und auf Basis eines gemeinsamen Teamentschlusses erfolgen. Dabei sollten die Fachteams vor dem Start auch die eigenen Ressourcen im Blick haben sowie die Maßnahmen möglichst in lokale Unterstützungssysteme einbetten.

Kriterien für die Auswahl

Viele Präventionsmaßnahmen werden wissenschaftlich begleitet. Um allgemeine Erfolgskriterien ableiten zu können, werden Forschungsergebnisse auf einer Metaebene analysiert und diskutiert (vgl. Klinkhammer/Voltmer/Salisch 2021). Auf dieser Basis tragen nach heutigem Stand folgende Aspekte wesentlich dazu bei, dass Maßnahmen und Programme die gewünschten Effekte erzielen (vgl. Scheithauer 2016):

- gute theoretische Begründung,
- Konzept mit Individuums- und Umweltzentrierung, Beachtung wichtiger Entwicklungsaufgaben und -übergänge, vorhandener Ressourcen und Defizite,
- übergreifende Settings (z. B. Einbezug von Kita und Elternhaus),
- Aufbau mit mehreren Komponenten, die kulturell angepasst sind sowie Alters- und Genderaspekte berücksichtigen,
- hoch strukturiertes Konzept (z. B. Maßnahmen und Programme, für die Manuale vorliegen, die aber auch Flexibilität hinsichtlich der Didaktik aufweisen, um auf individuelle Bedarfe der Einrichtung eingehen zu können),
- Durchführung der Maßnahmen von trainierten Anleiter*innen,
- lang anhaltende, nachhaltige Durchführung
- Beziehungspflege bei der Umsetzung von Maßnahmen,
- großes Interesse der Beteiligten, das Programm oder die Maßnahme in der eigenen Einrichtung zu etablieren,
- Qualitätskontrolle bei der Umsetzung und der Implementierung,
- universeller, an alle Kinder gerichteter Förderansatz, der kompensatorische Elemente enthält, also auch gezielt Kinder anspricht, bei denen ungünstige Entwicklungstendenzen sichtbar werden,
- Evaluation der Programmqualität, um negative Effekte aufzuzeigen.

Eine aktuelle und bundesweite Auswahl von Präventionsprogrammen kann über eine Online-Datenbank des Landespräventionsrats Niedersachsen eingesehen werden (s. S. 61). Die sog. Grüne Liste Prävention „bietet auf der Basis nachvollziehbarer Kriterien einen Überblick über empfehlenswerte Präventionsansätze in den Bereichen Familie, Schule, Kinder/Jugendliche und Nachbarschaft. Welche Programme können mit Aussicht auf Erfolg wo, wann und wie eingesetzt werden, um die Entwicklung von Kindern und Jugendlichen zu unterstützen? Auf welche Weise beugen diese Programme der Entstehung oder der Verfestigung von Problemverhaltensweisen vor? Und schließlich: Was weiß man darüber, ob diese Programme funktionieren und zu welchen Ergebnissen sie führen?“ (Landespräventionsrat Niedersachsen – CTC 2021). Die in der Online-Datenbank aufgenommenen und beschriebenen Programme werden jeweils einer von drei Kategorien zugeordnet: 1. „Effektivität theoretisch gut begründet“, 2. „Effektivität wahrscheinlich“ und 3. „Effektivität nachgewiesen“. Dieses Ampelsystem erleichtert die Entscheidungsfindung.

> Förderansätze sind dann besonders erfolgreich, wenn auch die Eltern einbezogen werden.

Programme für Kinder ab 3 Jahren

Im deutschen Sprachraum wurden bereits mehrere Programme zur Förderung der sozial-emotionalen Kompetenz im Kindergartenalter entwickelt und wissenschaftlich evaluiert (s. Übersicht auf S. 61), u. a.: *Kindergarten plus* (vgl. Maywald/Valentien 2018), *Lubo aus dem All* (vgl. Hillenbrand et al. 2016), *Papilio* (vgl. Mayer/Heim/Scheithauer 2015) sowie *Verhaltenstraining im Kindergarten* (vgl. Koglin/Petermann 2013). Das Programm *Faustlos* (vgl. Cierpka 2011) steht Kindertageseinrichtungen als deutsche Version eines US-amerikanischen Schulprogramms zur Verfügung.

Der Einsatz von Handpuppen hilft, Emotionen zu verstehen

Alle Programme zielen auf die Förderung sozial-emotionaler Kompetenzen ab, um insbesondere Verhaltensstörungen vorzubeugen bzw. bereits bestehende Verhaltensauffälligkeiten zu reduzieren. Die Förderung geschieht dabei über mehrere Ebenen: Trainieren von Emotionsausdruck, Emotionsvokabular, Emotionsregulation und Emotionswissen sowie Aneignung prosozialen Verhaltens und neuer Verhaltensmöglichkeiten in Konfliktsituationen. In Manualen werden das Konzept sowie die verwendeten Materialien erläutert und Durchführungshinweise gegeben.

Die Präventionsprogramme sind alters- und entwicklungsgerecht aufbereitet: Bildkarten mit Emotionsausdrücken (Angst, Trauer, Freude, Wut, Überraschung oder Scham) werden als Gesprächsgrundlage genutzt, um über Situationen zu reflektieren, die entweder das Programm vorschlägt oder die das Kita-Team im Alltag identifiziert hat. Bewegungsspiele, musikalische und gestalterische Elemente kommen ebenfalls zum Einsatz. Mehrere Programme sehen auch vor, dass die Fachkräfte mithilfe von Handpuppen durch die einzelnen Module führen. Diese können die themenbezogenen Geschichten und Rahmenhandlungen in den Puppenspielszenen dann entsprechend den Reaktionen der teilnehmenden Kinder anpassen und variieren:

- Bei *Kindergarten plus* stehen 5 Puppen zur Auswahl, die verschiedene Haar- und Hautfarben haben. Sie schlagen Themen vor und kommunizieren mit den Kindern als „kompetente Peers".
- Bei *Lubo aus dem All* kommt die Puppe Lubo, die einen grünen Außerirdischen darstellt, zum Einsatz.
- Bei *Faustlos* stehen zwei kleine Stofffiguren, eine Schnecke und ein Hündchen, zur Verfügung.

Die Programme *Papilio* und *Verhaltenstraining im Kindergarten* setzen auf alternative Zugänge, um die im Programm vorgesehenen Geschichten zu vermitteln. Bei *Papilio* wird die Rahmengeschichte (das Mädchen Paula trifft Kistenkobolde) über Videosequenzen mit einem Marionettentheater erzählt und liegt auch als Buch vor. In *Verhaltenstraining im Kindergarten* wird den Kindern eine Geschichte über die Meerkinder Sina und Benny und den Delfin Finn in Illustrationen nähergebracht.

Krippenbereich und Schulübergang

Um eine nachhaltige Arbeit zu ermöglichen, sollten Kitas nicht nur Programme für Kindergartenkinder ab 3 Jahren einsetzen. Zusätzlich sollte das Augenmerk darauf gelegt werden, eine gezielte sozial-emotionale Förderung für angehende Schulkinder und auch für Kinder unter 3 Jahren zu gewährleisten. Mehrere der im deutschsprachigen Raum angebotenen Programme legen Wert auf Anschlussfähigkeit in Richtung Schule: *Kindergarten plus* bereitet die Kinder mit einem Vertiefungsmodul auf den Schulübergang vor (vgl. Maywald/Valentien 2018) und ist anschlussfähig zu *Klasse2000*, einem Unterrichtsprogramm zur Gesundheitsförderung (vgl. Verein Programm Klasse2000 2021). Die Programme *Faustlos* und *Papilio* stehen in Schulversionen auch für den Elementarbereich zur Verfügung (vgl. Neupert 2010; Hepke/Peter/Scheithauer 2019).

> Mit dem Rechtsanspruch auf eine frühe Kindertagesbetreuung rückt eine intensive sozial-emotionale Förderung im Krippenbereich vermehrt in den Fokus.

Mit dem Rechtsanspruch auf eine frühe Kindertagesbetreuung und dem Ausbau der Plätze für Kinder unter 3 Jahren rückt eine intensive sozial-emotionale Förderung im Krippenbereich vermehrt in den Fokus der pädagogischen Arbeit. Auch hier stehen passende Angebote zur Verfügung. Besondere Beachtung schenken Materialien und Methoden für den Krippenbereich der Verbesserung der Beobachtungs- und Interaktionskompetenzen der pädagogischen Fachkräfte sowie dem Etablieren altersgerechter Tagesstrukturen. Die Deutsche Liga für das Kind hat 2019 mit *Kindergarten plus START* einen alltagsintegrierten Ansatz für 2- und 3-Jährige entwickelt. Sein Schwerpunkt liegt auf dem Wohlbefinden aller Akteur*innen, ermöglicht bei der Umsetzung eine intensive Beteiligung (Partizipation) der Kinder und bezieht auch die Familien aktiv mit ein (vgl. Valentien 2019). Das Programm *Faustlos* stellt mit der Methoden- und Materialsammlung *Fäustling* ein Konzept für Kinder zwischen 2 und 6 Jahren zur Verfügung, bei dem in drei Kompetenzbereichen in 30 Wochenprojekten gearbeitet wird (vgl. Heidelberger Präventionszentrum 2021). *Papilio* bietet mit dem Programmbereich *Papilio-U3* u.a. die Möglichkeit, während der Ausbildungsphase des Teams Videofeedback zu erhalten. „Im Mittelpunkt steht das Verhalten der pädagogischen Fachkräfte in der Interaktion mit den Kindern" (Papilio o.J.).

Auch wenn einzelne Anbieter mit modularen Konzepten eine umfassende Altersspanne abdecken – die Option der Anschlussfähigkeit muss nicht zwingend bedeuten, dass eine Kita sich ausschließlich für ein Programm entscheidet. Im Sinne der beschriebenen Kriterien für erfolgreiche Präventionsmaßnahmen müssen pädagogische Teams abwägen, welche Ansätze und Angebote der eigenen Herangehensweise am besten entsprechen und sich eignen, um nachhaltig und effizient die sozial-emotionalen Kompetenzen der jeweiligen Kinder zu fördern. Dies gilt im weiteren Sinn auch für die kommunale Planung, wenn der lokale Aufbau von Präventionsketten angestrebt wird.

2. Ausgewählte Methoden und Materialien

Emotional kompetente Kinder können Emotionen bei sich und anderen erkennen, diese mit Worten benennen, ihre Gefühle ausdrücken und nötigenfalls regulieren. Im Kita-Alltag gibt es viele Gelegenheiten, diese Kompetenzen zu üben. Auch in den verschiedenen Bildungsbereichen finden sich Ansatzpunkte, sozial-emotionales Lernen verstärkt einzubeziehen: sei es in der sprachlichen Bildung oder im Bereich Bewegung (vgl. z.B. Bischoff et al. 2012). Bei der Auswahl von Spielen und Medien sollte allerdings nicht nur darauf geachtet werden, dass sie methodisch-didaktisch zur sozial-emotionalen Förderung beitragen. Fachkräfte sollten ebenfalls bedenken, dass diese einen kultursensiblen und vorurteilsbewussten Ansatz verfolgen sowie eine Vielfalt an Familienkulturen und Personen abbilden.

■ **Praxisbeispiel:** In der Kita „St. Elisabeth" beschäftigen sich die Kinder gerade mit dem Thema „Gefühle entdecken". Als die Erzieherin Anke ihnen Bildkarten zeigt und sie ermutigt, sich ein Foto auszusuchen, auf dem sie eigene Gefühle erkennen, sind alle mit Eifer dabei. Sie suchen sich eine Karte aus, beschreiben diese und erzählen, wann sie selbst schon einmal ein ähnliches Gefühl hatten. Nur Johannes, der sich sonst immer gern an Gruppenaktivitäten beteiligt, wirkt auffällig lustlos. Er nimmt immer wieder mal ein Foto in die Hand, legt es dann aber wieder weg. Als er an der Reihe ist, hat er keine Karte ausgewählt. „Ich habe keine Lust!", sagt er, „ich will was anderes machen!" Anke fragt nach, ob ihm die Fotos nicht gefallen. „Ne, ich bin gar nicht dabei!", antwortet Johannes leise und klingt traurig. Anke schaut verwundert durch den Kartenhaufen, in der Hoffnung ein passendes Foto für den Jungen zu finden. Da fällt ihr auf, dass auf allen Fotos ausschließlich Menschen weißer Hautfarbe zu sehen sind; die meisten davon mit blonden oder hellbraunen Haaren. ■

Für Johannes, dessen Eltern aus Ghana kommen, ist kein Foto dabei, mit dem er etwas anfangen kann. Denn er entdeckt kein Gesicht, das seinem ähnelt. Als er Ankes Aufgabe nicht lösen kann, frustriert ihn das. Darüber hinaus fühlt er sich aus der Gemeinschaft ausgeschlossen: Während jedes andere Kind ein Pendant findet, scheint er gar nicht zu existieren. Damit alle in der Einrichtung sich gesehen fühlen, ist es darum wichtig, dass Medien und Materialien Menschen in ihrer Vielfalt darstellen.

> Nur wenn Bilderbücher Menschen in ihrer Vielfalt abbilden, fühlt sich jedes Kind gesehen.

Emotionen erkennen und benennen

Der Umgang mit den Emotionen – den eigenen und denen anderer – kann in Spielen, über Gestaltungsaufgaben und mithilfe verschiedener Medien geübt werden. Da die Bereiche Emotionswissen, Emotionsausdruck und Emotionsregulation viele Überschneidungspunkte haben, ist der Einsatz einzelner Spielideen, Bücher oder Bildkarten häufig mit vielfältigen Zielsetzungen verbunden.

Viele bekannte Lieder und Verse können dazu genutzt werden, den Gefühlsausdruck mit musikalischen Parametern und mit Einsatz des ganzen Körpers zu üben. Ob die Stimme wie im bekannten Spruch „Erbsen rollen über die Straße und sind platt. Oh, wie schade, jammer-, jammerschade!" unterschiedlich moduliert wird oder ob Tiere nachgeahmt werden, die für Emotionen stehen: Der Einsatz von Sprachmelodie und Rhythmus sowie passende Bewegungsimpulse ermöglichen es, den emotionalen Ausdruck ganzheitlich wahrzunehmen und zu erproben. Beispiele finden sich in dem Buch *Kleine Lieder für große Gefühle* (diese und die weiteren Buchempfehlungen s. S. 61).

Auch Illustrationen oder Fotos, die eindeutige Basisemotionen zeigen, können unterschiedlich dazu beitragen, das Erkennen und Benennen von Emotionen zu üben. Mit dem Kartenset *80 Bild-Impulse. Gefühle* können Fachkräfte einen Satz von 80 Fotos nutzen, die Personen in all ihrer

Unterschiedlichkeit zeigen. Eine kindgerechte Darstellung von Emotionen unter Berücksichtigung der Körperhaltung findet sich etwa in den Illustrationen des Buches *Ein Dino zeigt Gefühle*. Kopierte Fotos oder Bildkarten, in denen der Ausdruck von Emotionen dargestellt wird, können außerdem genutzt werden, um Gefühlsuhren, Gefühlsbarometer oder Gefühlswürfel zu gestalten. Diese eignen sich, um sie in vielfältiger Form in Alltagsroutinen einzubeziehen oder in Spielen einzusetzen. Vorlagen für die Gestaltung und Anleitungen zur Umsetzung finden sich u.a. in *Wunderfitz – Das große Förderbuch*.

> Methodenvielfalt ist wichtig, um jedes Kind zu erreichen.

Gefühle im Spiegel zu zeigen kann in der Gruppe geübt werden. Handspiegel und/oder Wandspiegel helfen dabei, die eigene Mimik und Gestik sowie die Körperhaltung unterschiedlichen Emotionen zuzuordnen und diese darzustellen.

Kinderbücher über Emotionen gehören zu den Standardtiteln vieler Verlage. Insbesondere Bilderbücher können eine intensive Auseinandersetzung mit der Gefühlswelt befördern und zu Aktionen oder weiterführenden Projekten anregen. Indem die Gruppe gemeinsam darüber nachdenkt, welche Themen die Kinder besonders interessieren und welche Bücher sie ansprechen, sind alle von Anfang dabei. Zu den Büchern mit hohem Anregungscharakter zählen z.B. das mit hochwertigen und fantasievollen Illustrationen ausgestattete Bilderbuch *Heute bin ich* oder das Kniebuch *Tula und Tim im Land der Gefühle*, bei dem der Einbezug der Kinder und das gemeinsame Erfinden der Geschichte im Vordergrund steht. Weitere Beispiele für aktuelle und empfehlenswerte Bilderbücher sind online zugänglich (z.B. Übersicht bei Mierau 2020).

Emotionen regulieren

Effektive Regulationsstrategien, wie sich abzulenken oder mithilfe unterschiedlicher Entspannungstechniken Stress zu reduzieren, können spielerisch vermittelt und geübt werden. Auch Methoden, die die Anwendung exekutiver Funktionen – also die kognitive Kontrolle – auf die eigenen Emotionen befördern, unterstützen die Emotionsregulation. Mit ihrer Hilfe können Kinder ihre Aufmerksamkeit kontrollieren und Regeln befolgen, ihre Impulse hemmen sowie eigene Fehler bemerken und korrigieren. Sprachförderung kann ebenfalls dazu beitragen, Emotionen besser zu regulieren. So helfen geeignete Methoden, Sprache als Mittel einzusetzen, um entweder eine Distanz zum aktuellen emotionalen Geschehen zu schaffen oder um sich selbst zu instruieren oder spielerisch eine Situation umzudeuten. Dabei sollten Fachkräfte jedoch immer darauf achten, negative Emotionen nicht grundsätzlich abzuwerten (s. Kasten).

Der Einsatz von Materialien hilft den Kindern im Wesentlichen, Inhalte zu konkretisieren und greifbar zu machen sowie sich als handlungsfähig und selbstwirksam zu erleben. Kleine Helfer, mit denen Angst überwunden werden kann, sind z.B. selbst gestaltete Mutsäckchen oder ein Mutbuch.

ZUSCHREIBUNGSFALLEN VERMEIDEN

Sowohl für Kinder als auch für Erwachsene kann es entlastend und hilfreich sein, sich Emotionen verdinglicht oder personifiziert vorzustellen. Die Erkenntnis „Ich bin nicht mein Gefühl" öffnet den Horizont dafür, dass ein aktuell noch überwältigender emotionaler Zustand sowohl zeitlich als auch in der Intensität als begrenzt wahrgenommen werden kann. Eine bildhafte Sprache unterstützt Kinder außerdem dabei, ihre Emotionen differenziert wahrzunehmen.

In der Umgangssprache kommen Metaphern, also bebildernde Formulierungen, häufig vor. Beispielsweise wird eine Person als „zickig" (Zicke = junge Ziege) bezeichnet oder zu Kindern wird gesagt, sie hätten ein „Böckchen". Bei diesen abwertenden Formulierungen schwingt jedoch eine negative Bewertung ihrer Person mit. Solche Formulierungen nehmen Kinder und Erwachsene also eher als Rückmeldung dafür wahr, dass das Kind sich, wenn es negative Gefühle äußert, falsch verhält. Werden gemeinsam neue sprachliche Bilder entwickelt, werden abwertende, unbewusst gesetzte Zuschreibungen verhindert. Das gelingt z.B. über Fragen wie: „Wenn du dir vorstellst, deine Wut wäre ein Tier, welches Tier fällt dir ein?"

Auch der Einbezug von Material und gezielten kreativen Methoden sollte auf unterschwellige Botschaften hin untersucht werden. Ein Beispiel für eine kritisch zu betrachtende Methode ist die Wut-Waschmaschine. Bei ihr notiert die Fachkraft für das Kind negative Emotionen und Kraftausdrücke auf einen Zettel und legt diesen in einen – als Waschmaschine gestalteten – Karton, um diese dann durch den Waschgang zu neutralisieren. Eine sich unangenehm anfühlende, „negative" Emotion wird bei dieser Methode also schmutziger Wäsche gleichgesetzt, die gereinigt werden muss. Auch wenn diese lustige Aktion Kinder zum Mittun anregt – letztendlich vermittelt sie die Botschaft, dass Anteile des eigenen Fühlens, der eigenen Person „unsauber" sind. Dies widerspricht einerseits einer pädagogischen Grundhaltung der Wertschätzung des Kindes, andererseits wird die Wahrnehmung emotionaler Vielfalt erschwert. Die Methode arbeitet also dem Verständnis entgegen, dass alle Emotionen als wichtige Anteile der eigenen Persönlichkeit eine Berechtigung haben.

Ausgehend von gemeinsamen Gesprächen über Ängste und ihre Ursachen überlegt jedes Kind, was ihm hilft, Mut zu schöpfen. Über die Gestaltung eines Säckchens oder eines Buchs werden die vorhandenen persönlichen Kraftquellen sichtbar und zugänglich. Die Kinder erfahren, dass im Umgang mit Angst eigene Ressourcen genutzt werden können. In den Gesprächen während eines entsprechenden Projekts sollten Fachkräfte aber auch thematisieren, dass Angst wichtig ist und eine warnende Funktion hat.

Fantasiereisen können dazu anregen, unterschiedliche emotionale Zustände innerlich mitzuerleben sowie Verläufe zwischen Aufregung und Entspannung in einem geschützten Raum aktiv zu erspüren. Als Grundlage für Fantasiereisen können Naturschilderungen dienen (z. B. aus: *30 Fantasiereisen für Frühling, Sommer, Herbst und Winter*). Die Führung durch eine Fantasiereise bedarf dabei sowohl der Vorbereitung und Einstimmung durch eine geübte Fachkraft als auch einer feinfühligen Begleitung der Kinder während und im Anschluss an die Durchführung.

Orte für Emotionen wie ein Trauertunnel, Glücksplatz oder eine Wutecke geben den kindlichen Gefühlen Raum. Gemeinsam mit den Mädchen und Jungen kann überlegt werden, was benötigt wird, um Orte einzurichten, an denen Trauer und Wut ihren Platz haben. Wie sollen sie aussehen, welche Regeln gelten dort? Auch dem Glück einen sichtbaren Platz im Kita-Alltag zu geben, kann eine gemeinschaftliche Aufgabe sein, die z. B. in einem länger angelegten Projekt umgesetzt werden kann. Einzelne den Kindern wichtige Elemente können danach dauerhaft übernommen werden.

Ein Wuteimer findet bei akutem Ärger oder für pantomimische Zwecke Anwendung. Bekommen Kinder die Gelegenheit, in einen Eimer zu schreien, können sie entlastet werden und müssen aggressive Impulse gegen sich selbst oder andere nicht spontan ausagieren. Da der Schall der eigenen Stimme „zurückschlägt", erleben sie durch das Echo auch, wie heftig ein Schrei wirkt. Doch nicht allen hilft es, Wut auszuagieren. Der Akt kann ebenso zu einer Spirale des Ärgerns und zur Eskalation führen. Die Methode Wuteimer dient deshalb vorrangig dazu, durch Spaß am Tun Wut als weniger bedrohlich zu empfinden und unbelasteter über sie sprechen zu können. In Gesprächen darüber, wann Ärger und Wut auftreten, sollte auf jeden Fall thematisiert werden, dass Gewalt tabu ist und dass jeder Mensch seine eigenen Wege finden muss, um Ärger und Wut zu regulieren.

> Sprache kann als Mittel dienen, eine Distanz zum aktuellen emotionalen Geschehen zu schaffen.

Eine Alternative, um mit Wut umzugehen, bietet Knetmasse. Diese Methodik gibt der Emotion eine veränderbare Gestalt, da das Kind seine persönliche Wut mit den Händen formt. Durch offene Fragen wie „Meinst du, die Wut hat jetzt genug Platz?", „Was könntest du mit der Wut machen, damit sie dir besser gefällt?" kann das Kind auch beginnen, die dargestellte Wut zu verändern und umzugestalten. Im gemeinsamen Dialog kann außerdem der Bezug zu eigenen Verhaltensstrategien hergestellt werden.

Wie bei Wut kann auch bei Trauer ein Gefäß zum Einsatz kommen. Trauer-Weckgläser bieten sich an, um darin die beschwerenden Gefühle für einen bestimmten Zeitraum abzulegen. Ebenso können Briefe auf die Reise geschickt werden, um Abstand zu gewinnen. Indem sich die Kinder durch diese Hilfsmittel phasenweise von den vorherrschenden starken Gefühlen distanzieren, kann ihr Organismus zur Ruhe kommen. Bei allen Unterstützungsangeboten gilt jedoch, dass Fachkräfte auf die individuellen Bedarfe der Kinder eingehen und sie feinfühlig begleiten sollten. Das bedeutet auch, dass sich nicht für jedes Kind jede Methode anbietet.

Kontakt aufnehmen und Freundschaften anbahnen

Während familiäre Beziehungen und die Beziehungen zu pädagogischen Fachkräften zwar gestaltet, aber nicht grundlegend erworben oder erobert werden müssen, beruhen Freundschaften auf Freiwilligkeit. Freund*innen werden gewählt: „Eltern und Geschwister ‚hat man'. Andere Kinder aber sind unabhängige Menschen, die frei sind, ihre Sympathie diesem Jungen oder diesem Mädchen zuzuwenden. Wie großartig, wenn es einem Kind gelingt, erst die Aufmerksamkeit und dann die Zuneigung eines anderen auf sich zu lenken" (Krappmann 2002, S. 258).

Um Freundschaften zu knüpfen, unterstützen gute emotionale Basisfähigkeiten die Kontaktaufnahme, das Anbahnen und die Gestaltung von neuen Beziehungen. Verschiedene Methoden können Kindern dabei helfen:

- ihre Selbst- und Fremdwahrnehmung zu entwickeln,
- die Wahrnehmung (auch nonverbaler Signale) der anderen zu schärfen,
- Strategien des Sich-Hineinspielens und behutsamen Annäherns auszubauen,
- sprachliche Fähigkeiten aufzubauen, um eigene Bedürfnisse angemessen ausdrücken zu können.

Kinder können außerdem dabei unterstützt werden, zu üben, sich im adäquaten Tempo einer anderen Person oder einer Gruppe zu nähern und aufmerksam dafür zu sein, wie viel Raum andere benötigen. Zusätzlich kann das Verständnis dafür geweckt werden, dass es einigen Peers schwerer fällt als anderen, soziale Signale zu erkennen, Grenzen wahrzunehmen, Impulse zu kontrollieren etc.

Dafür bewährt haben sich u.a. folgende Methoden:

- Dialogische Buchbetrachtung: Bilderbücher, in denen das Thema Freundschaft behandelt wird, geben Anlass zum gemeinsamen Nachdenken. Im Buch *Einer für Alle – Alle für Einen!* lernen sich verschiedene Tiere kennen und werden zu Freund*innen. Dabei kommen individuelle Stärken und Beeinträchtigungen zum Tragen. Im Buch *Sag doch was!* erfahren Kinder, wie kompliziert Kontaktaufnahme und Freundschaftsanbahnung werden, wenn eine Person Emotionen weder mimisch noch sprachlich ausdrücken kann.
- Wahrnehmungsspiele als Partnerübungen oder in der Gruppe: In Zeitungsspielen, bei denen durch das Falten der Seiten der Platz immer geringer wird, sind Kinder aufgefordert, miteinander zu kooperieren.
- Partnermassagen (Überblick und Anleitungen z. B. bei *Das Massage-Geschichten-Buch*): Massagegeschichten fördern die Selbst- und Fremdwahrnehmung sowie den rücksichtsvollen Umgang miteinander.
- Positives Feedback: Übungen, die dazu anregen, sich gegenseitig wahrzunehmen und eine wertschätzende Haltung zu entwickeln, können leicht in den Kita-Alltag integriert werden. Beispielsweise, indem im Morgenkreis ein Kind von den anderen Mädchen und Jungen eine Rückmeldung erhält, was sie an ihm mögen.

Gemeinsam Probleme lösen

Um Probleme im menschlichen Miteinander zu lösen, benötigen Kinder ein ausreichendes Gefühlswissen, die Fähigkeit zur Perspektivübernahme sowie die Fähigkeit des kausalen Denkens. Zu den Problemlösungskompetenzen gehört es außerdem, Handlungen und deren Konsequenzen zu antizipieren und zu bewerten sowie Lösungsvorschläge zu entwerfen. Wie können Fachkräfte die Kinder in der Gruppe dabei unterstützen? Die Mädchen und Jungen profitieren davon, wenn sie konflikthafte Situationen zusammen mit der Fachkraft betrachten, gemeinsam über Lösungen sprechen sowie in Rollenspielen Lösungsideen aufgreifen. Dadurch erhalten die Kinder Unterstützung, komplexe soziale Situationen zu erkennen, einzuschätzen und gemeinsam Lösungen zu finden. Mit einer Vielzahl von Methoden üben Kinder, die Perspektive von anderen einzunehmen, ihre Impulse zu kontrollieren sowie in schwierigen Situationen schrittweise vorzugehen. Dazu bieten sich für den Elementarbereich besonders folgende Methoden und Materialien an.

> In Rollenspielen können Lösungsideen ausprobiert werden.

Medien (z.B. Bildkarten, Bücher) können eingesetzt werden, um exemplarische Konfliktsituationen anzuschauen, ein Verständnis für die handelnden Personen aufzubauen und Lösungsideen zu erarbeiten. Eine Übersicht zu empfehlenswerten Bilderbüchern zum Thema Streit findet sich online in der Broschüre *Konfliktlösungen in Bilderbüchern* (s. S. 61). Beispiele aus Büchern oder auf Bildkarten können auch dazu genutzt werden, um im Umgang mit Konflikten und schwierigen Situationen ein schrittweises Vorgehen kennenzulernen und zu üben. Folgende Struktur empfiehlt sich: (1) Klärung: Es wird beschrieben, was geschehen ist oder gerade geschieht; (2) die Gefühle der betroffenen Kinder werden beschrieben; (3) es wird überlegt, was die betroffenen Kinder vermutlich brauchen oder möchten; (4) es wird besprochen, was die betroffenen Kinder tun können; (5) die Lösungsideen und Vorschläge werden in Rollenspielen ausprobiert (vgl. Maywald/Valentien 2018).

Streitregeln mit den Kindern zu erarbeiten kann helfen, das Gruppenklima zu verbessern. Die Kinder erkennen, dass die Beteiligung an gemeinsamen Entscheidungen ein wichtiges Element des Zusammenlebens darstellt. Dabei bespricht die pädagogische Fachkraft mit ihnen, welche Regeln für sie wichtig sind, um gut streiten zu können. Dadurch wird ein Verständnis aufgebaut, dass „gut streiten heißt, dass man auf der einen Seite ausdrücken kann, wie es einem geht, was einen stört und was man will. Und sich auf der anderen Seite sicher fühlen kann, weil grundlegende Grenzen eingehalten werden" (Pfeffer 2017, S. 46).

Wenn die Kinder sich darüber geeinigt haben, welche Regeln wichtig sind, können sie diese in Regelplakaten visualisieren. Bei der Gestaltung können Fotos, Zeichnungen und/oder Texte verwendet werden, um gemeinsame Vereinbarungen zu verdeutlichen. Mit Plakaten werden die besprochenen Regeln als optische Signale im gemeinsamen Bewusstsein gehalten und dienen als Bezugspunkte in Konfliktsituationen. Dabei kann es sinnvoll sein, je Regel ein eigenes Plakat zu erstellen. Wird es in zwei Bereiche aufgeteilt, findet auf der einen Seite Platz, welche Handlungen die Kinder vermeiden möchten, und auf der anderen, welches Vorgehen alle als gut empfinden.

Strukturierte Kommunikationstechniken wie die Gewaltfreie Kommunikation (GFK), deren Methodik u.a. für den gemeinsamen Umgang in Kita-Gruppen aufbereitet wurde (vgl. Gaschler/Gaschler/Rosenberg 2015), tragen ebenfalls dazu bei, Probleme zu lösen. Auch an die Altersgruppe angepasste Formen der Peermediation (vgl. Faller/Faller 2007) empfehlen sich für die Kita.

Materialien für die Praxis

Buchempfehlungen

Emotionen erkennen und benennen

Deutsche Liga für das Kind (Hrsg.) (2016): Tula und Tim im Land der Gefühle. Berlin: o. A.
Hout, M. van (2017): Heute bin ich. 15. Aufl., Zürich: aracari.
Löffel, H./Manske, C. (Hrsg.) (2016): Ein Dino zeigt Gefühle: Bilderbuch mit didaktischem Begleitmaterial für die pädagogische Praxis. Fühlen, empfinden, wahrnehmen. 15. Aufl., Köln: Mebes & Noack.
Mößner, B./Pfeffer, S./Pfister, H. (2008): Wunderfitz – Das große Förderbuch. Emotionale und soziale Kompetenz, Kreativität. Freiburg: Herder. (antiquarisch)
Paredes Montes, A./Kamps, T. (2015): Kleine Lieder für große Gefühle. Von Wut, Freude und Trotz in der Kita. Mülheim: Verlag an der Ruhr.
Redaktionsteam Verlag an der Ruhr (2014): 80 Bild-Impulse. Gefühle. Mülheim: Verlag an der Ruhr.

Emotionen regulieren

Müller, A.-K. (2021): 30 Fantasiereisen für Frühling, Sommer, Herbst und Winter. Bildkarten für Kinder von 4–10., 3. Aufl., München: Don Bosco.

Kontakt aufnehmen und Freundschaften anbahnen

Weninger, B./Tharlet, E. (2016): Einer für Alle – Alle für Einen! Bargteheide: minedition.
Dunbar, P. (2007): Sag doch was! Freiburg: Kerle.
Seyffert, S./Goosens, A. (2014): Das Massage-Geschichten-Buch. Mehr Ruhe & Entspannung in Kiga & Grundschule mit leicht einsetzbaren Geschichten. Münster: Ökotopia.

Gemeinsam Probleme lösen

Arbeitsgemeinschaft Kinder- und Jugendschutz Hamburg (Hrsg.) (2009): Konfliktlösungen in Bilderbüchern für Kinder im Kindergarten- und Vorschulalter. https://epub.sub.uni-hamburg.de/epub/volltexte/2009/3744/pdf/Konfliktloesungen.pdf (letzter Zugriff: 27.9.2021).

Präventionsprogramme

U3

Fäustling (ab 2 Jahre): https://www.h-p-z.de/faeustling/

Kindergarten plus START (ab 2 Jahre): https://kindergartenplus.de/fuer-kinder-ab-2-jahren/

Papilio-U3 (0–3 Jahre): https://www.papilio.de/papilio-u3.html

Ü3 und Übergang in die Schule

Faustlos: https://www.h-p-z.de/faustlos-kindergarten/

Kindergarten plus: https://kindergartenplus.de/

Lubo aus dem All: https://www.reinhardt-verlag.de/52937_hillenbrand_lubo_aus_dem_all__vorschulalter/

Papilio: https://www.papilio.de/

Verhaltenstraining im Kindergarten: https://www.hogrefe.com/de/shop/verhaltenstraining-im-kindergarten-66446.html

Datenbank empfohlener Präventionsprogramme

https://www.gruene-liste-praevention.de/nano.cms/datenbank/information

Literatur

Ahnert, L. (2014): Bindungsbeziehungen außerhalb der Familie. Tagesbetreuung und Erzieherinnen-Kind-Bindung. In: Ahnert, L. (Hrsg.): Frühe Bindung. Entstehung und Entwicklung. 3. Aufl., München u.a.: Ernst Reinhardt, S. 256–277.
Ahnert, L./Pinquart, M./Lamb, M. E. (2006): Security of Children's Relationships With Nonparental Care Providers: A Meta-Analysis. In: Child Development, 3/2006, S. 664–679.
Aktion Gib acht im Verkehr (2013): Prävention im Kindergarten. Handreichung für Erzieherinnen und Erzieher zur Verkehrs- und Kriminalprävention. https://im.baden-wuerttemberg.de/fileadminredaktion/m-im/intern/dateien/publikationen/handreichung-erzieherinnen-praevention-im-kindergarten.pdf (letzter Zugriff: 29.9.2021).
Asendorpf, J. B./Kandler, C. (2018): Verhaltens- und molekulargenetische Grundlagen. In: Schneider, W./Lindenberger, U. (Hrsg.): Entwicklungspsychologie. 8. Aufl., Weinheim u.a.: Beltz, S. 81–97.
Asendorpf, J. B./Neyer, F. J. (2012): Psychologie der Persönlichkeit. 5. Aufl., Berlin: Springer.
Banerjee, M. (1997): Hidden Emotions: Preschoolers' Knowledge of Appearance-Reality and Emotion Display Rules. In: Social Cognition, 2/1997, S. 107–132.
Bauer, J. (2019): Wie wir werden, wer wir sind. Die Entstehung des menschlichen Selbst durch Resonanz. München: Blessing.
Beller, S. (Hrsg.) (2020): Praxisbuch Kuno Bellers Entwicklungstabelle 0–9. Berlin: Forschung und Fortbildung in der Kleinkindpädagogik.
Bensel, J. (2018): Expertise: Kriterien, die als Hinweise für eine Verhaltensauffälligkeit gelten können sowie einen Überblick über typische Formen von Verhaltensauffälligkeiten im Kitaalter. In: Maywald, J./Valentien, S. (2018): Kindergarten plus – Persönlichkeitsbildung in Kindertageseinrichtungen, soziale und emotionale Kompetenzen fördern. Handbuch für Pädagogische Fachkräfte. 4. Aufl., Berlin: Deutsche Liga für das Kind, S. 38.
Bischoff, A. et al. (2012): Sozial-emotionale Kompetenzen. Fördermöglichkeiten durch Spiel und Bewegung. nifbe-Themenheft Nr. 12. https://www.nifbe.de/images/nifbe/Infoservice/Downloads/Themenhefte/Sozial-emotionale_Kompetenzen_online.pdf (letzter Zugriff: 28.9.2021).
Bowlby, J./Mander, G./Bowlby, J. (2006): Bindung. München: Ernst Reinhardt.
Bund-Länder-Koordinierungsstelle für den DQR (Hrsg.) (2013): Handbuch zum Deutschen Qualitätsrahmen. Struktur – Zuordnungen – Verfahren – Zuständigkeiten. https://www.dqr.de/media/content/DQR_Handbuch_01_08_2013.pdf (letzter Zugriff: 2.1.2021).
Bundeszentrale für gesundheitliche Aufklärung (BZgA)/Universitätsklinikum Eppendorf (UKE) (Hrsg.) (2007): Leistungen und Bedarf von Kitas für Prävention und Gesundheitsförderung: Ergebnisse der bundesweiten Pilotstudie. https://www.uke.de/extern/qip/unterseiten/service-zusatz/download-zusatz/Bericht%20Experten%20Kita.pdf (letzter Zugriff: 29.9.2021).
Cierpka, M. (2011): Faustlos – wie Kinder Konflikte gewaltfrei lösen lernen. 8. Aufl., Freiburg: Herder.

Daldrop, K./Hohmann, K. (2018): Wenn zwei sich streiten … Konflikte zwischen Kindern achtsam begleiten. https://www.nifbe.de/component/themensammlung?view=item&id=771:wenn-zwei-sich-streiten&catid=70 (letzter Zugriff: 1.5.2021).

Denham, S. A. (1998): Emotional Development in Young Children. New York u.a.: Guilford Press.

Deutsche Akademie der Naturforscher Leopoldina (Hrsg.) (2014): Frühkindliche Sozialisation. Biologische, psychologische, linguistische, soziologische und ökonomische Perspektiven. Halle: o.A.

Deutsche Liga für das Kind (2015): Positionspapier der Deutschen Liga für das Kind. Gute Qualität in Krippe und Kindertagespflege. http://www.fruehe-tagesbetreuung.de/downloads/Krippen-Positionspapier_2015.pdf (letzter Zugriff: 29.9.2021).

Deutsches Institut für Menschenrechte (Hrsg.) (2017): Reckahner Reflexionen: zur Ethik pädagogischer Beziehungen. 2. Aufl., Reckahn: Rochow-Edition.

Dittrich, G./Dörfler, M./Schneider, K. (2001): Wenn Kinder in Konflikt geraten. Eine Beobachtungsstudie in Kindertagesstätten. Neuwied: Luchterhand.

Dreyer, R. (2017): Eingewöhnung und Beziehungsaufbau in Krippe und Kita. Modelle und Rahmenbedingungen für einen gelungenen Start. Freiburg: Herder.

Ellsworth, C. P./Muir, D. W./Hains, S. M. (1993): Social competence and person-object differentiation. An analysis of the still-face effect. In: Developmental Psychology, 1/1993, S. 63–73.

Evangelisch-Lutherisches Kindertagesstättenwerk Lübeck (Hrsg.) (2015): Hinter jeder Beschwerde steckt ein unerfülltes Bedürfnis. Beschwerdeverfahren für Kita-Kinder entwickeln. https://www.kitawerk.de/fileadmin/user_upload/newsmeldungen/2015/Doku_Beschwerdemanagement_web.pdf (letzter Zugriff: 29.9.2021).

Faller, K./Faller, S. (2007): Kinder können Konflikte klären. Mediation und soziale Frühförderung im Kindergarten – ein Trainingshandbuch. Münster: Ökotopia.

Fingerle, M. (2013): Frühpädagogische Präventionskonzepte. In: Fried, L. (Hrsg.): Handbuch Pädagogik der frühen Kindheit. 3. Aufl., Berlin: Cornelsen.

Friedlmeier, W. (1999): Emotionsregulation in der Kindheit. In: Holodynski, M./Friedlmeier, W. (Hrsg.): Emotionale Entwicklung. Funktion, Regulation und soziokultureller Kontext von Emotionen. Heidelberg: Spektrum Akademischer Verlag, S. 197–218.

Frijda, N. H. et al. (1995): Emotions and Emotion Words. In: Russell, J. A. et al. (Hrsg.): Everyday Conceptions of Emotion. Dordrecht: Springer, S. 121–143.

Fröhlich-Gildhoff, K./Mischo, C./Castello, A. (2016): Entwicklungspsychologie für Fachkräfte in der Frühpädagogik. 4. Aufl., Köln u.a.: Carl Link.

Fröhlich-Gildhoff, K./Rönnau-Böse, M./Tinius, C. (2020): Herausforderndes Verhalten in Kita und Grundschule. Erkennen, Verstehen, Begegnen. 2. Aufl., Stuttgart: Kohlhammer.

Frömbgen, D./Hansen, R./Seelig, J. (2019): Mitentscheiden und Mithandeln in der Kita. Update Beschwerdeverfahren. https://www.bertelsmann-stiftung.de/fileadmin/files/Projekte/Jungbewegt/Sommerakademie_2019/Anlage_4_Fachforum_Beschwerdeverfahren.pdf (letzter Zugriff: 30.0.2021).

Gaschler, F./Gaschler, G./Rosenberg, M. B. (2015): Ich will verstehen, was du wirklich brauchst. Gewaltfreie Kommunikation mit Kindern. Das Projekt Giraffentraum. 8. Aufl., München: Kösel.

Gizycki, K. von (2018): Marte Meo in Kindertagesstätten – eine alltagstaugliche Methode zur Entwicklungsunterstützung. https://www.kita-fachtexte.de/fileadmin/Redaktion/Publikationen/KiTaFT_Gizycki_2018-MarteMeoinKindertagesstaetten.pdf (letzter Zugriff: 1.6.2021).

Goodman, B. (2006): I Hear Ringing and There's No One There. I Wonder Why. The New York Times. https://www.nytimes.com/2006/05/04/fashion/thursdaystyles/04phan.html (letzter Zugriff: 21.10.2021).

Gutknecht, D. (2014): Responsivität: Antworten und sich abstimmen. Klärung des Begriffs und Praxisbeispiele. In: Welt des Kindes, 2/2014, S. 44–46.

Gutknecht, D./Kramer, M. (2018): Mikrotransitionen in der Kinderkrippe. Übergänge im Tagesablauf achtsam gestalten. Freiburg: Herder.

Halberstadt, A. G./Denham, S. A./Dunsmore, J. C. (2001): Affective Social Competence. In: Social Development, 1/2001, S. 79–119.

Haug-Schnabel, G. (2016): Raumgestaltung als verantwortungsvolle Aufgabe. https://www.nifbe.de/fachbeitraege/beitraege-von-a-z?view=item&id=608:raumgestaltung-eine-verantwortungsvolle-aufgabe&catid=88 (letzter Zugriff: 30.9.2021).

Haug-Schnabel, G./Bensel, J. (2017): Grundlagen der Entwicklungspsychologie. Die ersten 10 Lebensjahre. 12. Aufl., Freiburg: Herder.

Heidelberger Präventionszentrum (2021): Fäustling. https://www.h-p-z.de/faeustling/ (letzter Zugriff: 1.6.2021).

Heine, M. (2017): Gefühlte Wahrheiten. Welt. https://www.welt.de/print/die_welt/literatur/article163321334/Gefuehlte-Wahrheiten.html (letzter Zugriff: 21.10.2021).

Hepke, K./Peter, C./Scheithauer, H. (2019): Für Integration! Kultursensitives pädagogisches Handeln in Kitas. Augsburg: Papilio.

Hillenbrand, C. et al. (2016): „Lubo aus dem All!“ – Vorschulalter. Programm zur Förderung sozial-emotionaler Kompetenzen. 2. Aufl., München: Ernst Reinhardt.

Holodynski, M./Oerter, R. (2018): Emotion. In: Schneider, W./Lindenberger, U. (Hrsg.): Entwicklungspsychologie. 8. Aufl., Weinheim u.a.: Beltz, S. 513–536.

Holodynski, M. (2006): Emotionen – Entwicklung und Regulation. Heidelberg u.a.: Springer.

Hörmann, K. (2014): Die Entwicklung der Fachkraft-Kind-Beziehung. https://www.kita-fachtexte.de/fileadmin/Redaktion/Publikationen/KiTaFT_hoermann_2014.pdf (letzter Zugriff: 1.6.2021).

Izard, C. E. (2002): Translating emotion theory and research into preventive interventions. In: Psychological Bulletin, 5/2002, S. 796–824.

Janke, B. (2007): Entwicklung von Emotionen. In: Hasselhorn, M./Schneider, W. (Hrsg.): Handbuch der Entwicklungspsychologie. Göttingen: Hogrefe, S. 347–358.

Jenni, O./Latal, B. (2008): Verhaltensauffälligkeiten im Vorschulalter. Eine entwicklungspädiatrische Perspektive. In: undKinder, 1/2008, S. 49–55.

Jugendministerkonferenz/Kultusministerkonferenz (2004): Gemeinsamer Rahmen der Länder für die frühe Bildung in Kindertageseinrichtungen. https://www.kindergartenpaedagogik.de/fachartikel/bildung-erziehung-betreuung/1765 (letzter Zugriff: 20.11.2020).

Jurczyk, K. (2021): Elternschaftliches Neuland. https://www.dji.de/themen/eltern/formen-von-elternschaft.html (letzter Zugriff: 29.9.2021).

Keller, H. (2016): Zu jung für die Kita? Chancen (und Risiken) einer frühen außerfamiliären Betreuung. In: Kleinstkinder in Kita und Tagespflege, 7/2016, S. 6–9.

Klinkhammer, J./Voltmer, K./Salisch, M. von (2021): Emotionale Kompetenz bei Kindern und Jugendlichen. Entwicklung und Folgen. 2. Aufl., Stuttgart: Kohlhammer.

Koglin, U./Petermann, F. (2013): Verhaltenstraining im Kindergarten. Ein Programm zur Förderung emotionaler und sozialer Kompetenzen. 2. Aufl., Göttingen: Hogrefe.

König, A. (2017): Übergang von der Kindertageseinrichtung in die Grundschule. In: Petermann, F./Wiedebusch, S. (Hrsg.): Praxishandbuch Kindergarten. Entwicklung von Kindern verstehen und fördern. Göttingen: Hogrefe, S. 493–509.

Krappmann, L. (2002): Kinder und ihre Freunde. In: LBS-Initiative Junge Familie (Hrsg.): Kindheit 2001 – Das LBS-Kinderbarometer. Was Kinder wünschen, hoffen und befürchten. Opladen: Leske + Budrich, S. 257–274.

Krenz, A. (2010): Was Kinder brauchen. Aktive Entwicklungsbegleitung im Kindergarten. 7. Aufl., Berlin: Cornelsen.

Landespräventionsrat Niedersachsen – CTC (2021): Grüne Liste Prävention – CTC-Datenbank empfohlener Präventionsprogramme. https://www.gruene-liste-praevention.de/nano.cms/datenbank/information (letzter Zugriff: 1.6.2021).

Largo, R. H. (2009): Babyjahre. Die frühkindliche Entwicklung aus biologischer Sicht. 19. Aufl., München: Piper.

Lohaus, A./Ball, J./Lißmann, I. (2004): Frühe Eltern-Kind-Interaktion. In: Ahnert, L. (Hrsg.): Frühe Bindung. Entstehung und Entwicklung. München u.a.: Ernst Reinhardt, S. 147–160.

Lohaus, A./Vierhaus, M. (2013): Entwicklungspsychologie des Kindes- und Jugendalters. 2. Aufl., Berlin: Springer Medizin.

Magai, C. (1995): Bindung, Emotionen und Persönlichkeitsentwicklung. In: Spangler, G./Zimmermann, P. (Hrsg.): Die Bindungstheorie. Grundlagen, Forschung und Anwendung Stuttgart: Klett-Cotta, S. 140–148.

Mayer, H./Heim, P./Scheithauer, H. (2015): Papilio. Ein Programm für Kindergärten zur Primärprävention von Verhaltensproblemen und zur Förderung sozial-emotionaler Kompetenz. Ein Beitrag zur Sucht- und Gewaltprävention. 3. Aufl., Augsburg: Papilio.

Mayr, T./Ulich, M. (2009): Positive Entwicklung und Resilienz im Kindergartenalltag: perik. Begleitheft zum Beobachtungsbogen perik. 2. Aufl., Freiburg: Herder.

Maywald, J. (2019): Gewalt durch pädagogische Fachkräfte verhindern. Die Kita als sicherer Ort für Kinder. Freiburg Herder.

Maywald, J./Valentien, S. (2018): Kindergarten plus – Persönlichkeitsbildung in Kindertageseinrichtungen, soziale und emotionale Kompetenzen fördern. Handbuch für Pädagogische Fachkräfte. 4. Aufl., Berlin: Deutsche Liga für das Kind.

Mierau, S. (2020): Kinderbücher über Gefühle. https://geborgen-wachsen.de/2020/03/11/kinderbuecher-ueber-gefuehle/ (letzter Zugriff: 1.6.2021).

Ministerium Soziales, Integration und Gleichstellung Mecklenburg-Vorpommern (Hrsg.) (2020): Bildungskonzeption für 0- bis 10-jährige Kinder in Mecklenburg-Vorpommern. https://www.regierung-mv.de/static/Regierungsportal/Ministerium%20f%C3%BCr%20Soziales,%20Integration%20und%20Gleichstellung/Dateien/Dateien/BK2020_IH.pdf (letzter Zugriff: 10.2.2021).

Montague, D. P. F./Walker-Andrews, A. S. (2002): Mothers, Fathers, and Infants: The Role of Person Familiarity and Parental Involvement in Infants' Perception of Emotion Expressions. In: Child Development, 5/2002, S. 1339–1352.

Montessori, M./Schulz-Benesch, G. (Hrsg.) (1979): Spannungsfeld Kind – Gesellschaft – Welt. Auf dem Weg zu einer kosmischen Erziehung. Freiburg: Herder.

Müller, M. S. (2014): Personale Kompetenzen in der Frühpädagogik. Video-Interaktions-Analysen zur Qualifizierung der Krippenbetreuung. Wiesbaden: Springer VS.

Neupert, C. (2010): Faustlos. Gewaltprävention an der Grundschule. https://www.grin.com/document/144585 (letzter Zugriff: 01.10.2021).

paedquis (o. J.): Qualitätsfeststellung & Zertifizierung. https://www.paedquis.de/index.php/qualitaetsfeststellung-zertifizierung (letzter Zugriff: 20.6.2021).

Papilio (o. J.): Papilio-U3: Auf die Beziehung kommt es an! Programm zur Förderung der psychosozialen Gesundheit. https://www.papilio.de/papilio-u3.html (letzter Zugriff: 27.9.2021).

Papoušek, H./Papoušek, M. (1987): Intuitive parenting: A dialectic counterpart to the infant's integrative competence. In: Osofsky, J. D. (Hrsg.): Handbook of infant development. 2. Aufl., Oxford: John Wiley & Sons, S. 669–720.

Parfy, E. (2000): Emotionstheorie. In: Stumm, G./Pritz, A. (Hrsg.): Wörterbuch der Psychotherapie. 2. Aufl., Wien u.a.: Springer, S. 158 f.

Pauen, S./Ganser, L. (2010): Entwicklungsbeobachtung und -dokumentation für Kinder von 0–3 Jahren mit MONDEY (Milestones of Normal Development in Early Years). http://www.kindergartenpaedagogik.de/2082.html (letzter Zugriff: 30.9.2021).

Petermann, F./Wiedebusch, S. (2016): Emotionale Kompetenz bei Kindern. 3. Aufl., Göttingen u.a.: Hogrefe.

Pfeffer, S. (2017): Sozial-emotionale Entwicklung fördern. Wie Kinder in Gemeinschaft stark werden. Freiburg: Herder.

Prengel, A./Maywald, J. (2020): Handreichung für Teams zur pädagogischen Arbeit mit dem „Reckahner Regelbüchlein für große und kleine Kinder" – Leben und Lernen mit den Kinderrechten. http://www.paedagogische-beziehungen.eu/regelbuechlein (letzter Zugriff: 29.9.2021).

Ravens-Sieberer, U. et al. (2007): Psychische Gesundheit von Kindern und Jugendlichen in Deutschland. Ergebnisse aus der BELLA-Studie im Kinder- und Jugendgesundheitssurvey (KiGGS). In: Bundesgesundheitsblatt – Gesundheitsforschung – Gesundheitsschutz, 5–6/2007, S. 871–878.

Remsperger, R. (2011): Sensitive Responsivität. Zur Qualität pädagogischen Handelns im Kindergarten. Wiesbaden: Springer VS.

Robert Koch-Institut (2018): Psychische Auffälligkeiten bei Kindern und Jugendlichen in Deutschland – Querschnittergebnisse aus KiGGS Welle 2 und Trends. In: Journal of Health Monitoring, 3/2018, S. 37–44.

Rosenberg, M. B./Seils, G. (2012): Konflikte lösen durch Gewaltfreie Kommunikation. Ein Gespräch mit Gabriele Seils. 15. Aufl., Freiburg: Herder.

Saarni, C. (1999): The development of emotional competence. New York: Guilford Press.

Saarni, C./Mumme, D. L./Campos, J. J. (1998): Emotional development: Action, communication, and understanding. In: Damon, W./Eisenberg, N. (Hrsg.): Handbook of child psychology: Social, emotional, and personality development. 5. Aufl., New York u.a.: John Wiley & Sons, S. 237–309.

Scheithauer, H. (2016): Implementationsbarrieren und andere zu beachtende Aspekte bei der flächendeckenden Umsetzung wirksamkeitsevaluierter und qualitätsgesicherter (Gewalt)Präventionsprogramme. In: Stiftung Deutsches Forum für Kriminalprävention (Hrsg.): Entwicklungsförderung & Gewaltprävention 2015/2016. Aktuelle Beiträge aus Wissenschaft und Praxis. Bonn: DFK, S. 67–78.

Scheithauer, H./Rosenbach, C./Niebank, K. (2012): Gelingensbedingungen für die Prävention von interpersonaler Gewalt im Kindes- und Jugendalter: Expertise zur Vorlage bei der Stiftung Deutsches Forum für Kriminalprävention. 3. Aufl., Bonn: DFK.

Schermer, F. J./Drinkmann, A. (2018): Grundlagen der Psychologie. 4. Aufl., Stuttgart: Kohlhammer.

Schneider, K./Wüstenberg, W. (2012): Gemeinschaft bildet. In: Sozial-emotionale Entwicklung – Kleinstkinder in Kita und Tagespflege, S. 31–35.

Schneider, W./Hasselhorn, M. (2018): Frühe Kindheit (3–6 Jahre). In: Schneider, W./Lindenberger, U. (Hrsg.): Entwicklungspsychologie. 8. Aufl., Weinheim u.a.: Beltz, S. 191–214.

Schneider, W./Lindenberger, U. (Hrsg.) (2018): Entwicklungspsychologie. 8. Aufl., Weinheim u.a.: Beltz.

Sendera, A./Sendera, M. (2011): Kinder und Jugendliche im Gefühlschaos. Grundlagen und praktische Anleitungen für den Umgang mit psychischen Auffälligkeiten und Erkrankungen. Wien u.a.: Springer.

Southam-Gerow, M. A./Kendall, P. C. (2002): Emotion regulation and understanding: implications for child psychopathology and therapy. In: Clinical Psychology Review, 2/2002, S. 189–222.

Stangl, W. (2021): Selbstwirksamkeit. Online Lexikon für Psychologie und Pädagogik. https://lexikon.stangl.eu/1535/selbstwirksamkeit-selbstwirksamkeitserwartung (letzter Zugriff: 22.2.2021).

Sterzing, D./Deutsches Jugendinstitut (2011): Präventive Programme für sozial benachteiligte Familien mit Kindern von 0–6 Jahren. Überblick über die Angebote in Deutschland. https://nbn-resolving.org/urn:nbn:de:101:1-2012091010601 (letzter Zugriff: 25.6.2021).

Tietze, W. et al. (Hrsg.) (2016): Pädagogische Qualität in Tageseinrichtungen für Kinder. Ein Nationaler Kriterienkatalog. 6. Aufl., Weimar: verlag das netz.

Valentien, S. (2019): Alltagsintegrierte Förderung sozial-emotionaler Kompetenzen zwei- und dreijähriger Kinder in Kitas. Das Pilotprojekt Kindergarten plus START. In: frühe Kindheit, 6/2019, S. 50–55.

Valentien, S. (2020): Eltern in Projekte zur emotionalen Förderung einbeziehen. In: frühe Kindheit, 6/2020, S. 52–55.

Verein Programm Klasse2000 (2021): Klaros Freunde. https://www.klasse2000.de/klaros-welt/klaros-freunde (letzter Zugriff: 27.9.2021).

Viernickel, S. (2000): Spiel, Streit, Gemeinsamkeit. Einblicke in die soziale Kinderwelt der unter Zweijährigen. Landau: Empirische Pädagogik.

Viernickel, S./Völkel, P. (2017): Beobachten und Dokumentieren im pädagogischen Alltag. Freiburg: Herder.

Wittmer, D. S./Clauson, D. W. (2019): Von Kratzbürsten und Schmusebären. Die sozial-emotionale Entwicklung von Kleinst- und Kleinkindern verstehen und fördern. Dortmund: verlag modernes lernen.

Zins, J. E. et al. (Hrsg.) (2004): Building academic success on social and emotional learning: what does the research say? New York: Teachers College Press.

Impressum

wissen kompakt: Sozial-emotionale Kompetenzen von Kindern fördern ist ein Sonderheft von kindergarten heute – Das Fachmagazin für Frühpädagogik

Redaktion
Thilo Bergmann (verantw.)
Tel. 0761/2717 - 209
E-Mail: bergmann@herder.de

Franziska Aehlen
Tel. 0761/2717 - 238
E-Mail: aehlen@herder.de

Carolin Küstner
Tel. 0761/2717-331
E-Mail: kuestner@herder.de

Anschrift der Redaktion
Hermann-Herder-Str. 4
79104 Freiburg
Tel. 0761/2717-322
E-Mail: redaktion@kindergarten-heute.de
www.kindergarten-heute.de

Verlag

www.herder.de

Bildnachweis
Titelfoto: Hartmut W. Schmidt, Freiburg
Innenfotos: Hartmut W. Schmidt, Freiburg; Micha Winkler: S. 54, 56

Layout, Satz und digitale Bearbeitung
rsrdesign, Wiesbaden, www.rsrdesign.de

Herstellung
Medienhaus Plump GmbH, Rheinbreitbach

Leserservice
Verlag Herder GmbH
Hermann-Herder-Str. 4, 79104 Freiburg
Tel. 0761/2717-379 oder 0761/2717-244
Fax: 0761/2717-249
E-Mail: kundenservice@herder.de

Kontakt Produktsicherheit
produktsicherheit@herder.de

Gedruckt auf chlorfrei gebleichtem Papier

Printed in Germany

Titelnummer: 871
ISBN Print: 978-3-451-00871-9
ISBN E-Book (PDF): 978-3-451-82438-8